Hans Haug

Königin Charlotte von Württemberg

Hans Haug

Königin Charlotte
von Württemberg

Bebenhausen wurde ihr zur Heimat

Silberburg-Verlag

Umschlagvorderseite: Königin Charlotte, aufgenommen von Hof-Fotograf Hermann Brandseph um 1899. Charlottenkreuz, 1916.

Umschlagrückseite: »König Wilhelm II. von Württemberg nebst Gemahlin«, Erinnerungskarte zur Silberhochzeit des Königspaars 1911.

Seite 1: Eine moderne Königin: Charlotte um 1900.

1. Auflage 2015

© 2015 by Silberburg-Verlag GmbH,
Schönbuchstraße 48, D-72074 Tübingen.
Alle Rechte vorbehalten.
Umschlaggestaltung: Anette Wenzel, Tübingen.
Druck: Gulde-Druck, Tübingen.
Printed in Germany.

ISBN 978-3-8425-1376-1

Besuchen Sie uns im Internet
und entdecken Sie die Vielfalt unseres Verlagsprogramms:
www.silberburg.de

Ihre Meinung ist wichtig ...

... für unsere Verlagsarbeit. Wir freuen
uns auf Kritik und Anregungen unter:

www.silberburg.de/Meinung

Inhalt

Grußwort

Es war im Frühjahr 1919, als König Wilhelm II. und Königin Charlotte für immer nach Bebenhausen kamen. Der König hatte im November 1918 abgedankt und nannte sich nun Herzog Wilhelm zu Württemberg. Gemeinsam mit seiner Gemahlin bezog er das alte württembergische Jagdschloss Bebenhausen als ständigen Wohnsitz.

Nach dem Tod Herzog Wilhelms im Oktober 1921 lebte die verwitwete ehemalige Königin bis zu ihrem Tod noch ein Vierteljahrhundert in Bebenhausen. Davon handelt dieses Buch. Es vermittelt das Bild einer Frau, deren Leben trotz ihrer herausgehobenen Stellung auch seine Schattenseiten hatte. Sie kam aus einer Nebenlinie des Hauses Schaumburg-Lippe, aus einer der kleinen deutschen Dynastien. Das enttäuschte viele Württemberger, denn sie hatten auf eine prestigeträchtige Eheschließung gehofft. Dann blieben dem Ehepaar Kinder versagt, und die Königin litt sehr darunter. Da sie eher zurückhaltend war, wurde sie gelegentlich als hochmütig betrachtet. Dabei war sie eine moderne Frau, die sich für die Mädchenbildung einsetzte und sich für die Technik begeisterte.

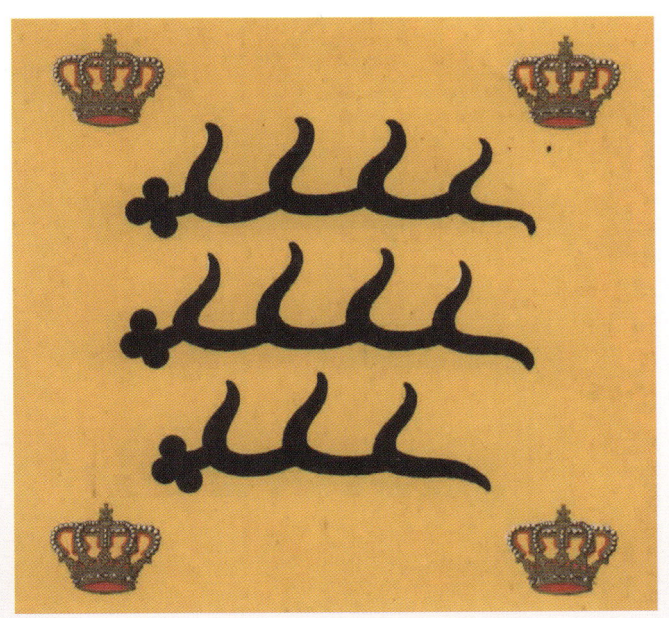

Die Abdankung stellte einen entscheidenden Einschnitt im Leben des Königspaares dar. Dem zweiten Lebensabschnitt ist dieses Buch gewidmet. Es zeigt, wie sehr die ehemalige Königin das Leben im kleinen Ort Bebenhausen prägte. Einerseits war noch ein wenig vom Glanz einer Hofhaltung zu spüren. Andererseits engagierte sich Herzogin Charlotte für die Gemeinde und setzte sich für die Angelegenheiten der Einwohner und der Kommune ein.

Das Buch vermittelt das Bild einer Frau, die nach dem Verlust ihrer gehobenen Stellung ihr Leben meisterte und auch für andere da war. So wirkte die Zeit der Königin noch bis zu ihrem Tod kurz nach dem Zweiten Weltkrieg in Bebenhausen nach. Wir können Herzogin Charlotte zu den Frauen aus dem Haus Württemberg zählen, die in ihrem jeweiligen Lebenskreis ihr würdiges Auftreten mit sozialem Engagement verbanden.

Diane Herzogin von Württemberg

Vorwort

Über den sehr beliebten und volkstümlichen letzten König Württembergs, Wilhelm II. (1848 bis 1921), erschienen bisher neben der Biografie von Paul Sauer eine nicht geringe Anzahl weiterer Publikationen. Doch über Charlotte, seine zweite Gemahlin, die nicht nur die letzte württembergische Königin war, sondern auch die letzte unter den deutschen Königinnen, gibt es bisher wenig Literatur. Diese Lücke soll mit dem anlässlich ihres 150. Geburtstags erscheinenden Buch über ihre Persönlichkeit und insbesondere ihr langjähriges Domizil Schloss Bebenhausen geschlossen werden. Es enthält eine ganze Anzahl von bisher nicht veröffentlichtem Bildmaterial.

Das Buch hätte ohne die Hilfe vieler nicht geschrieben werden können. Mein ganz besonderer Dank geht dabei an Frau Elisabeth und Herrn Georg Stieler, Herrn Christof Tränkle und Herrn Dr. Norbert Wokart. Mein Dank geht auch an Herrn Dr. Albrecht Ernst, Hauptstaatsarchiv Stuttgart, Herrn Dr. Eberhard Fritz, Archiv des Hauses Württemberg Schloss Altshausen, Herrn Heiko Peter Melle, Stauffenberg-Gedenkstätte Schloss Lautlingen, Herrn

Pieter Francis Peters »Königliches Jagdschloss Bebenhausen«. Aquarell, um 1888.

Kastellan Ivan Češka, Schloss Ratibořice (Tschechien), Herrn Günther Ringelhann, Diakoniewerk Österreich, sowie an die Mitarbeiterinnen und Mitarbeiter der Kloster- und Schlossverwaltung Bebenhausen, die mich in vielfältiger Weise unterstützten. Den Mitarbeiterinnen und Mitarbeitern des Silberburg-Verlags danke ich für die gute Zusammenarbeit.

Auch wenn nach der Abdankung ihres königlichen Gatten im November 1918 ihre offizielle Anrede »Herzogin Charlotte zu Württemberg« lautete, blieb sie für die Bebenhäuser doch nach wie vor bis zu ihrem Tod »d'Kenige«, weshalb ich in meinen Ausführungen durchweg bei der Bezeichnung »Königin« geblieben bin.

Hans Haug

Die böhmische Heimat

Die am 10. Oktober 1864 im böhmischen Schloss Ratiboritz geborene Prinzessin Charlotte Maria Ida Hermine Louise Mathilde entstammte dem Adelshaus Schaumburg-Lippe, dessen norddeutsche Wurzeln bis in das 12. Jahrhundert zurückreichen. Sie war die älteste Tochter des Prinzen Wilhelm zu Schaumburg-Lippe, des jüngsten Sohns von Fürst Georg Wilhelm zu Schaumburg-Lippe, und seiner Gattin Bathildis geborene Prinzessin von Anhalt-Dessau.

Schloss Ratiboritz, Charlottes Geburtsort, gehörte zu der damals bedeutenden böhmischen Herrschaft Nachod, die ihr Großvater, Fürst Georg Wilhelm zu Schaumburg-Lippe, seit dem Jahr 1842 besaß. Diese Herrschaft hat eine bewegte Geschichte. Nach der Ermordung ihres Besitzers, Graf Adam Erdmann Trčka von Lipa[1], zusammen mit seinem Gefährten Wallenstein in Eger im Jahr 1634, konfiszierte Kaiser Ferdinand II. die Herrschaft Nachod

---

1   In Friedrich Schillers Dramentrilogie »Wallenstein« erscheint er als »Graf Terzky«, dessen Leben im zweiten und dritten Teil verarbeitet wird.

Schloss Nachod. Kolorierte Lithografie von Anton Haun, 1860.

und schenkte sie General Octavio Piccolomini für seine Verdienste im kaiserlichen Heer. 1792 ging sie an Peter von Biron, den Herzog von Kurland, über, der sie 1798 um die Herrschaft Chwalkowitz erweiterte.

Von 1800 bis 1839 besaß die Herrschaft, die nun beachtliche 7200 Hektar umfasste, dessen Tochter, Herzogin Wilhelmine von Sagan. Diese außergewöhnliche Frau führte ein recht bewegtes Leben und unterhielt damals in Wien einen politisch einflussreichen Salon. Das zur Herrschaft gehörende Schloss Ratiboritz ließ sie in den Jahren 1810 bis 1812 im Empirestil einrichten, worauf es jeweils im Sommer zu einem gesellschaftlichen Treffpunkt wurde. Zu ihren häufigen Gästen gehörte vor allem Fürst Metternich, ihr Liebhaber. Metternich und der russische Zar Alexander I. hatten hier im Jahr 1813 sogar eine wichtige Verhandlung mit dem preußischen Staatskanzler von Hardenberg und Minister Wilhelm von Humboldt mit dem Ziel, eine Koalition gegen Napoleon zu gründen.

Nach Wilhelmines Tod 1839 verkaufte ihre Schwester Fürstin Pauline von Hohenzollern-Hechingen die Herrschaft Nachod an den Grafen Octavio zu Lippe-Biesterfeld. Dieser hatte sich mit dem Kauf der großen Herrschaft aber wohl übernommen, denn nur gut zwei Jahre später, 1842, trennte er sich wieder von ihr. Nun ging Nachod an Fürst Georg Wilhelm zu Schaumburg-Lippe über, den Großvater von Königin Charlotte. Für ihn, der in Ungarn und Slawonien bereits über einen umfangreichen Besitz verfügte, brachte der Erwerb dieser bedeutenden böhmischen Herrschaft eine Aufwertung am kaiserlichen Hof in Wien mit sich.

Beim tschechischen Volk haben das zur Herrschaft Nachod gehörende und romantisch im Tal der Aupa gelegene Schloss Ratiboritz und seine Umgebung aber noch eine andere, ganz besondere Bedeutung: Sie sind der Schauplatz für den 1855 erschienenen Dorfroman »Die Großmutter« (»Babička«) von Božena Němcová, der bedeutendsten tschechischen Schriftstellerin des 19. Jahrhunderts.

Als Charlottes Großvater 1860 starb, hinterließ er ihrem Vater endgültig die Herrschaft Nachod als Sekundogenitur[2]. Bereits 1857 hatte der Fürst die Übertragung Nachods an seinen Sohn Wilhelm verfügt.

Schloss Ratiboritz.

Nun musste Prinz Wilhelm, der trotz seiner norddeutschen Wurzeln mit ganzem Herzen auf der Seite Österreichs stand und es dort später, 1901, bis zum k. u. k. General der Kavallerie brachte, seinen Militärdienst im österreichischen Heer als Rittmeister quittieren,

---

2 Erb- und Nachfolgerecht des zweitgeborenen Sohnes eines Fürstenhauses.

Schloss Nachod
von Nordwest.

um sich ganz den neuen Aufgaben in Nachod widmen zu können. Binnen kurzer Zeit führte er dort Reformen durch und ordnete die Wirtschaftsverwaltung neu, zu der damals ein umfangreicher Waldbesitz sowie eine bedeutende Landwirtschaft, aber auch eine Fischzucht, Mahl- und Sägmühlen, Brauereien, ein Kohlebergwerk und eine Glashütte gehörten. Ganz besondere Verdienste erwarb sich der Prinz bei der künstlichen Bewässerung von Wiesen in den Tälern der Aupa und Mettau. Sein Versuchsfeld für Wiesenkultur und Wassertechnik zog damals die Aufmerksamkeit weiter Kreise nicht nur in Deutschland und Österreich, sondern auch in Frankreich auf sich, das ihm für seine Verdienste auf diesem Gebiet den »Ordre mérite agricole« verlieh.[3]

»Mittels allerhöchsten Handschreibens«[4] des Kaisers Franz Joseph wurde Prinz Wilhelm 1867 zum Mitglied des österreichischen Herrenhauses ernannt und nahm nun an dessen Sitzungen in Wien teil. Und nach Jahren großer Bemühungen wurde die Herrschaft Nachod mit Stiftungsurkunde vom 11. Mai 1873 schließlich zu einem Fideikommiss[5]; dies war ein wichtiger Schritt für den zukünftigen Erhalt der Herrschaft.

---

3   Elster, S. 85.
4   Ebd. S. 77 f.
5   Fideikommisse wurden zum Erhalt des Familienvermögens adliger Familien eingesetzt. Dieses Sondervermögen blieb ungeteilt in der Hand eines Familienmitglieds und war unveräußerlich.

Nach dem Tod von Prinz Wilhelm, dem Vater von Königin Charlotte, im Jahr 1906, fiel die Herrschaft an deren jüngeren Bruder Friedrich. Der letzte Inhaber der Herrschaft Nachod wurde als deutscher Staatsbürger am 12. Mai 1945 zusammen mit seiner Familie ins nahegelegene Schlesien abgeschoben, und die geschichtsträchtige böhmische Herrschaft, die Heimat von Königin Charlotte von Württemberg, wurde am 21. Juni 1945 vom tschechischen Staat konfisziert.

Nach Jahren der Plünderung und des Leerstands der Schlösser Nachod und Ratiboritz wurden diese ab 1970 restauriert, mit dem noch vorhandenen Mobiliar wieder ausgestattet, zu nationalen Kulturdenkmälern deklariert und sind heute ein beliebtes Ausflugsziel für Einheimische und Touristen.

Schloss Ratiboritz mit dem Anbau für das Personal (links).

Charlottes Familie und ihre Jugend in Böhmen

Zu Weihnachten 1861 reiste der junge und noch unverheiratete Prinz Wilhelm zu Schaumburg-Lippe, nun als Besitzer der Herrschaft Nachod, ins elterliche Bückeburg, um dort die Feiertage zu verbringen und Verwandte zu besuchen. Bereits einige Jahre zuvor hatte er bei hessischen Verwandten die junge und hübsche Prinzessin Bathildis Amalgunde von Anhalt-Dessau kennengelernt. Da er als Besitzer von Nachod selbständig geworden war, wollte er versuchen, »Hand und Herz«[6] der Prinzessin zu gewinnen. Da die Prinzessin auch ihm zugetan war, erhielt er rasch ein Jawort von ihr.

Doch die Verlobung und der Wunsch nach einer baldigen Heirat stellten ihn vor große Probleme. Weder Schloss Nachod, in dem er bisher als Junggeselle gewohnt hatte, noch Schloss Ratiboritz waren für die Aufnahme eines fürstlichen Haushalts eingerichtet. Für seine junge Frau wollte er nun das liebliche Schloss Ratiboritz zu einem behaglichen und hübschen Wohnsitz ausbauen. Da dies bis zur Hochzeit im Mai 1862 nicht zu schaffen war, bezog

---

6   Elster, S. 39.

Links:
Prinzessin Bathildis
zu Schaumburg-
Lippe, Charlottes
Mutter. Ölgemälde
von Carl Sohn,
1862.

Rechts:
Prinz Wilhelm zu
Schaumburg-Lippe,
Charlottes Vater.
Ölgemälde von
Ernst Lafite, 1870.

das junge Paar zunächst einige Räume im Schloss Nachod. Nun kehrte in das alte Gemäuer des Schlosses reges gesellschaftliches Leben ein und, so wird berichtet, »fast täglich waren Gäste zum Diner oder zum Tee befohlen«[7].

Im darauffolgenden Frühjahr stellte der Prinz seine junge Frau dem Kaiser in Wien vor und notierte: »S.(eine) M.(ajestät) war allein, als wir eintraten, er war sehr gnädig und freundlich für Bathildis. Später kam die Kaiserin[8], sie sieht wirklich recht gut wieder aus und ist so schön wie nur möglich. Dann kam ihr Bruder, der Herzog in Bayern. Weiter speiste niemand mit. Bathildis saß zwischen den Majestäten, was eine große Auszeichnung war und sehr artig ...«[9] Wenige Jahre später, am 2. November 1867,

7   Ebd. S. 47.
8   Kaiserin Elisabeth, genannt »Sissi«.
9   Ebd. S. 49.

stattete Kaiser Franz Joseph den Eltern Charlottes in Ratiboritz einen Besuch ab. Bereits ein Jahr zuvor, im Herbst 1866, hatte er dort Station gemacht. Auch Kronprinz Rudolf und der von den Eltern Charlottes ganz besonders verehrte Erzherzog Albrecht[10] weilten später zu Besuch.

Im Schloss Ratiboritz wurden inzwischen neue Fußböden gelegt, neue Türen und Fenster eingebaut und es wurden die Kachelöfen angeschafft, die noch heute die Räume des Schlosses zieren. Für die Inneneinrichtung wurde ein Wiener Dekorateur engagiert, der dort Möbel, Lampen, Betten, Wäsche und Porzellan beschaffte. Da der Prinz und seine zukünftige Gattin ihre Liebe für Musik und Gesang teilten, wurde beim Klavierbauer Bösendorfer in Wien auch ein Konzertflügel gekauft.[11] Auf den Anbau des Schlosses wurde ein neues Stockwerk aufgesetzt, um Raum für die Dienerschaft zu schaffen. Im Herbst 1863 konnte das junge Paar dann das umgebaute und komfortabel eingerichtete Schloss Ratiboritz beziehen, das nun zum Lieblingsaufenthalt von Wilhelm und Bathildis wurde.

Schloss Ratiboritz, Salon mit einem Porträt des Kaisers Franz Joseph.

Dort wurde Wilhelm und Bathildis am 10. Oktober 1864 eine Tochter geboren, die spätere Königin Charlotte von Württemberg. Und schon nach einem knappen Jahr hatte das Paar »die herzinnige Freude«[12], die Geburt eines Sohnes bekanntzugeben, der aus

10 Dessen Tochter, Erzherzogin Marie Therese von Österreich, heiratete 1865 Herzog Philipp von Württemberg. Dies sind die Urgroßeltern von Herzog Carl von Württemberg, dem heutigen Chef des Hauses Württemberg.
11 Dieser Flügel wurde um 1950 von einem tschechischen Pianisten übernommen und befindet sich nicht mehr im Schloss.
12 Elster, S. 54.

Prinzessin Charlotte, um 1870.

Nachod im Kriegsjahr 1866, Lithografie.

Verehrung für den Kaiser den Namen Franz Joseph erhielt. Doch dieser erstgeborene Sohn sollte nur sechzehn Jahre alt werden.

Nun folgten die politischen und kriegerischen Ereignisse des Jahres 1866, welche die Herrschaft Nachod ganz besonders in Mitleidenschaft ziehen sollten. Der Prinz, der den Krieg zwischen Preußen und Österreich kommen sah, schickte seine junge Frau mit den beiden Kindern zu ihren Eltern nach Dessau, von wo aus sie später nach Kopenhagen zu ihrer Tante Louise reiste, der Gemahlin von König Christian IX. von Dänemark.

In Nachod und dem benachbarten Königgrätz tobten nun schwere Kämpfe und das Schloss in Nachod wurde in ein Lazarett umgewandelt, in dem zeitweise bis zu 1000 Verwundete behandelt wurden.[13] Dadurch und

---

13 Ortmann, Nachod 1866.

Charlottes Familie und ihre Jugend in Böhmen

durch Plünderungen wurde es so sehr in Mitleidenschaft gezogen, dass es nach Kriegsende von Grund auf wieder hergerichtet werden musste. Auch Schloss Ratiboritz, der Lieblingssitz der Familie, war nach Einquartierungen und Plünderungen wieder herzustellen. Hinzu kam, dass im gesamten Bereich der Herrschaft enorme Kriegsschäden entstanden waren, deren Beseitigung etliche Jahre in Anspruch nahmen.

Nach diesem Krieg und der Rückkehr der Prinzessin mit den beiden Kindern aus Dänemark wurden dem Paar noch sieben weitere Kinder geschenkt: Friedrich (1868), Albrecht

(1869), Maximilian (1871), Bathildis (1873), Adelheid (1875) und schließlich Alexandra (1879). Ein Kind starb kurz nach seiner Geburt.

Prinzessin Bathildis mit Charlottes jüngeren Schwestern Bathildis, Adelheid und Alexandra, 1879.

Diese große Kinderschar erhielt von ausgesuchten Lehrern eine gute Ausbildung, und jedes der Kinder wurde von den Eltern seinen jeweiligen Interessen entssprechend gefördert. Dazu stand in Nachod eine umfangreiche Bibliothek zur Verfügung, die teilweise noch Bestände der Vorgängerfamilie Piccolomini enthielt. Wichtig für die musikalischen Eltern war eine Förderung der Kinder auch auf diesem Gebiet; regelmäßig wurde gemeinsam musiziert und gesungen.

Mit ihren Geschwistern verbrachte Charlotte eine unbeschwerte Jugend und konnte ihren für junge Frauen in damaliger Zeit ungewöhnlichen Neigungen nachgehen:

Die junge Königin (sitzend, 2. von rechts) mit ihren Eltern,
ihrem Bruder Friedrich und ihren Schwestern Adelheid, Bathildis
und Alexandra (von links). Ratiboritz, um 1898.

Charlottes Familie und ihre Jugend in Böhmen

Eislaufen auf den herrschaftseigenen Teichen, Skifahren im nahen Riesengebirge, Schießen und Jagen. Für die Jagd standen der Familie zehn eigene Reviere zur Verfügung, und durch die Zupacht von 43 Orts- und Gemeindejagden war es der Familie möglich, jeweils im Herbst und Winter große Jagden abzuhalten, zu denen Gäste eingeladen wurden. Wohl deshalb fühlte sich Charlotte später in dem beschaulichen Bebenhausen besonders wohl, denn hier konnte sie, abseits von den höfischen Zwängen in Stuttgart, diesen Neigungen nachgehen. Hinzu kamen bei der jungen Prinzessin aber auch noch geisteswissenschaftliche und ausgeprägte künstlerische Interessen.

Prinzessin Charlotte mit ihrer Mutter. Nachod, 1886.

Von ihrer Mutter, die in Nachod bis heute wegen ihrer Wohltätigkeit verehrt wird, wurden Charlotte und ihre Geschwister schon früh zu Menschen erzogen, für die soziales Engagement Pflicht war. Wohl nicht zuletzt deshalb war es für die spätere Königin Charlotte selbstverständlich, sich in ihrer neuen Heimat Württemberg mit bewundernswertem Engagement sozial zu betätigen.

Die Ehe mit König Wilhelm II.

Lange hatten die Württemberger befürchtet, Prinz Wilhelm, der Thronfolger, würde nach dem Tod seiner geliebten ersten Frau, Prinzessin Marie aus dem Hause Waldeck-Pyrmont, nicht mehr heiraten. Mit ihrer Liebenswürdigkeit und ihrem Charme hatte sie damals rasch die Herzen der Menschen gewonnen. Als sie dann 1882 nach der Geburt eines dritten, toten Kindes im Alter von nur 25 Jahren starb, nahm das ganze Land großen Anteil. Nachdem 1880 bereits der kleine Sohn und ersehnte Thronfolger, Prinz Ulrich, im Alter von fünf Monaten gestorben war, blieb Prinz Wilhelm jetzt nur noch sein 1877 geborenes Töchterchen Pauline, das »goldige Prinzeßle«, wie es genannt wurde.

Mit ihrem Charme und ihrer Liebenswürdigkeit eroberte sie die Herzen der Württemberger: Prinzessin Marie, die erste Frau Wilhelms, 1880.

Prinz Ulrich wurde nur fünf Monate alt, 1880.

Prinzessin Pauline, Charlottes Stieftochter, 1898.

Inzwischen aufgetauchte Briefe Wilhelms an seinen Studienfreund Detlev von Plato[14] belegen, dass Wilhelm bereits 1884, zwei Jahre nach dem Tod seiner ersten Frau, Überlegungen zu einer zweiten Heirat anstellte; »ohne Liebe, aus reiner Raison und ohne Illusion«, wie er seinem Freund schrieb. Dabei machte er sich auch Gedanken darüber, wie wohl die Beziehung einer zweiten Frau zu seinem Töchterchen Pauline sein würde: »Wegen der Heiratsfrage bin ich ungewisser als je. Wegen des Kindes wittre ich zu viele Schwierigkeiten; sie müsste den Zankapfel geben, wenn die Betreffende nicht ein Engel ist von übermenschlicher Entsagung.«

Nachdem Wilhelm sich bereits in mehreren Adelshäusern nach einer passenden Nachfolgerin für seine erste Frau umgesehen hatte, begab er sich am 3. März 1884 nach Kronberg im Taunus, um dort bei der herzoglichen Familie von Nassau deren Tochter Hilda, die spätere Großherzogin von Baden, und ihre Cousine Charlotte zu treffen. Von dieser Begegnung berichtete Wilhelm seinem Studienfreund von Plato noch am selben Tag: »Heute Vormittag 11 Uhr arrivirt. Das Maß meiner Aufregung kannst Du daraus entnehmen, dass ich fest schlafend in Cronberg ankam ... Sehr herzlich und natürlich empfangen. Der erste Eindruck war durchaus

---

14 Diese Briefe, die in Kürze vom Württembergischen Geschichts- und Altertumsverein ediert werden, stellte freundlicherweise Herr Dr. Albrecht Ernst zur Verfügung.

Die Ehe mit König Wilhelm II.

günstig. Charl(otte) ist eigentlich nicht hübsch, aber sehr reizvoll, sie ist klein, hat eine famose Figur, ist voller Leben und Frohsinn. Obgleich Hilda viel schöner ist, ist Ch(arlotte) viel anziehender. Sie ist gar nicht verlegen, voller Murr und Scherze, mit mir vielleicht ein wenig befangen. Ob sie wohl etwas gemerkt hat? Beim Frühstück saß ich neben

Verlobungsporträt von Wilhelm und Charlotte. Lithografie, 1886.

H(ilda), beim Diner neben Ch(arlotte) – sehr gewandt gemanaget. So viel steht jedenfalls fest, dass beide von ganz anderer Race und Classe sind wie die beiden in Langenburg interviewten.«

Doch Charlotte, diese selbstbewusste, feinfühlige und intelligente Prinzessin, lehnte den Heiratsantrag Wilhelms zunächst ab. »Nun werde ich keinen Anstand nehmen, urbi et orbi zu sagen, dass ich mit einem regulären Korbe abgezogen sei ... Charl(otte), finde ich, hat ganz recht, ich hätte mich auch nicht gewollt«, schrieb er seinem Freund von Plato.

Zwischen Wilhelm und Charlotte gab es auch verwandtschaftliche Beziehungen. Eine rege Verbindung

Charlotte (rechts) mit ihrem Vater, ihrem Bruder Friedrich, dessen Gemahlin Louise, ihrer Schwester Bathildis und ihren Schwägerinnen Elsa und Olga, Töchter der Herzogin Wera von Württemberg. Ratiboritz, 1903.

Wilhelm und Charlotte mit Tochter Pauline und den Enkeln Hermann und Dietrich. Bebenhausen, 1915.

von Charlottes Familie bestand vor allem zu einer im schlesischen Carlsruhe ansässigen Nebenlinie des württembergischen Königshauses; dort wohnte damals Mathilde, eine Schwester von Charlottes Vater, die mit Herzog Eugen von Württemberg verheiratet war. Die weiteren verwandtschaftlichen Beziehungen Charlottes nach Carlsruhe stellen sich etwas kompliziert dar: Ihr dortiger Cousin Wilhelm Eugen, also der Sohn von Herzog Eugen und Charlottes Tante Mathilde, hatte bereits 1874 Großfürstin Wera von Russland, die Adoptivtochter von König Karl und Königin Olga von Württemberg, geheiratet. Und Charlottes Brüder Albrecht und Maximilian wiederum heirateten 1897 und 1898 deren Töchter Elsa und Olga. So bestanden also zwischen Nachod und Carlsruhe, das 1903 durch Erbschaft an König Wilhelm II. überging, über drei Generationen hinweg enge verwandtschaftliche Beziehungen.

Schließlich willigte Charlotte nach einigem Zögern dann doch in eine Ehe mit Wilhelm ein und die Verlobung fand am 10. Januar 1886 in Nachod statt, der Heimat der Braut. Der Bräutigam schrieb von dort einen Tag später seinem Onkel, König Karl von Württemberg: »Ich melde alleruntertänigst meine gestern Abend stattgehabte Verlobung mit Prinzeß Charlotte zu Schaumburg-Lippe. Ich habe die feste Überzeugung gewonnen, daß meine Wahl zum Besten

Die junge Königin
in ihrem Arbeitszim-
mer im Wilhelms-
palais in Stuttgart,
1892.

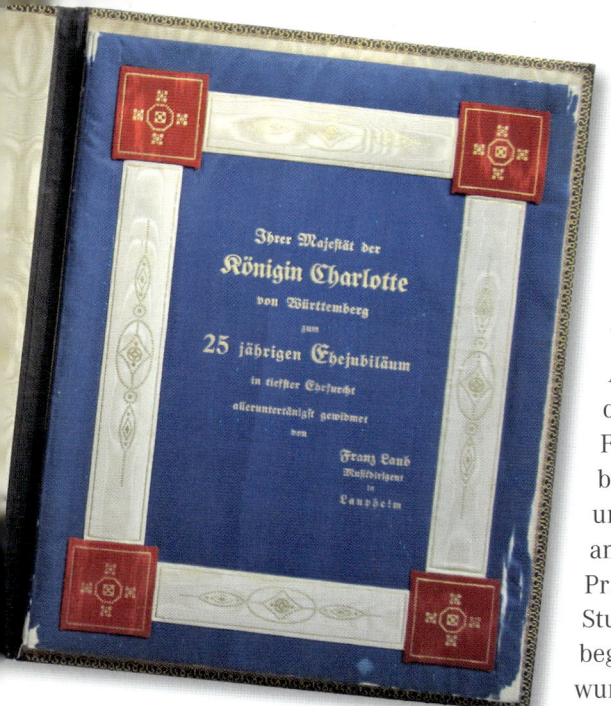

Königin-Charlotte-Marsch, komponiert von Kapellmeister Franz Laub zur Silberhochzeit 1911.

der Familie, des Vaterlandes und insonderheit meiner Tochter gereichen wird und somit empfehle ich aus vollem Herzen die junge Prinzeß der Gnade und dem Wohlwollen Ew. Majestät.«[15] Am 8. April 1886 fand in Bückeburg, dem Stammsitz des Fürstengeschlechts Schaumburg-Lippe, die Hochzeit statt, und nur wenige Tage später, am 13. April 1886, kam der Prinz mit seiner Gemahlin in Stuttgart an, wo dem Paar ein begeisterter Empfang bereitet wurde.

Doch die Ehe Charlottes mit dem sechzehn Jahre älteren Wilhelm, die kinderlos blieb, war wohl aus verschiedenen Gründen keine sehr glückliche. Von ahnungslosen Zeitgenossen als Herzensbündnis gefeiert, empfand Wilhelm sie – zumindest anfangs – als »Comödie, die ich vor der Welt aufführen muss.«[16] Hinzu kam, dass Charlotte, ganz im Gegensatz zu Marie, der ersten Frau Wilhelms, eine eher zurückhaltende, kühle und sehr verstandesmäßige Person war. Das öffentliche Leben und die protokollarischen Zwänge waren für sie nach ihrer unbeschwerten Kindheit und Jugend in Nachod geradezu eine Herausforderung. Hinzu kam ein wenig harmonisches und nicht immer spannungsfreies Verhältnis zur Stieftochter, Prinzessin Pauline, »Kenigs Päule«, das sich im Laufe der Jahre immer schwieriger gestaltete. Als Pauline in ihren späteren Jahren dann aktives Parteimitglied der NSDAP wurde, zog sich Charlotte nahezu ganz von ihrer Stieftochter zurück.

---

15 Gerhardt, S. 39.
16 Ernst, S. 2.

Die Ehe mit König Wilhelm II.

Auch eine Affäre, die dem damaligen Prinzen Wilhelm bald nach der Heirat nachgesagt wurde, machte das Zusammenleben nicht einfacher. Charlotte stand damals kurz vor der Entscheidung, ihren Gatten zu verlassen und nach Nachod zurückzukehren. In Bebenhausen wurde Wilhelm auch ein unehelicher Sohn nachgesagt. Allerdings ist dafür weder im Ortsarchiv Bebenhausen noch im Pfarrarchiv Lustnau-Bebenhausen ein entsprechender Hinweis zu finden. Dort findet sich lediglich ein Beleg für die Vaterschaft eines Ministers von König Wilhelm II. im Dorf.

Die Königin, die in einer Großfamilie aufwuchs und Kinder sehr mochte, litt sicher auch unter ihrer eigenen Kinderlosigkeit. Diese führte schließlich dazu, dass König Wilhelm II. nach nahezu zwanzigjähriger Ehe im Jahr 1903 Herzog Albrecht von Württemberg aus der katholischen Linie des Hauses zum Thronfolger bestimmte.

Ein großes Ereignis für ganz Württemberg war die Silberhochzeit des Königspaars am 8. April 1911. Zu Ehren des Paars wurden im ganzen Land Festgottesdienste und Feiern abgehalten, und in einigen Gemeinden wurden auch Gedenksteine errichtet; einen besonders großen mit einem Relief des Königspaars ließ damals die Stadt Stuttgart an der Rotenwaldstraße errichten. In großer Zahl erschienen Erinnerungskarten mit dem Porträt der Majestäten, heute begehrte Objekte der Postkartensammler. Auch die anlässlich der Silberhochzeit geprägte Drei-Mark-Silbermünze mit dem Konterfei des Königspaars war begehrt; Frauen ließen sie mit einer Öse versehen und trugen sie als Anhänger. Und Ferdinand Graf Zeppelin, der Luftschiffpionier und Freund des Königs, ließ sich damals etwas ganz Besonderes einfallen: Er flog mit seinem Luftschiff von Friedrichshafen nach Stuttgart und ließ über dem Neuen Schloss zu Ehren des Königspaars unzählige Nelken abwerfen, die Lieblingsblume des Königs.

Stuhllehne mit geschnitztem Relief des Königspaars, 1911.

Die Königin

Obwohl Königin Charlotte auch auf vielen anderen Gebieten tätig war und dort Spuren hinterließ, ist den Menschen heute vor allem ihr Engagement auf sozialem Gebiet in Erinnerung. In Stuttgart hatte die Königin im Laufe der Jahre das Protektorat über 32 soziale Einrichtungen, darunter das Diakoniewesen, das Rote Kreuz und der Schwäbische Frauenverein. Bei den Ausschusssitzungen der wichtigsten Vereine war sie, so wird berichtet, meist persönlich anwesend. Die Königin besuchte auch – oft gemeinsam mit Herzogin Wera von Württemberg – unzählige Wohltätigkeitsveranstaltungen im ganzen Land, was ihr viel Sympathie einbrachte. Sie hatte auch veranlasst, dass alle Schwesternstationen in den Gemeinden mit einem Schrank ausgestattet wurden, der das Nötigste für die Hauspflege und Erste Hilfe enthielt, dem »Charlottenschrank«.

»Ein sehr reiches Diademe«: Die Königin trägt das 1820/21 von dem Stuttgarter Hofjuwelier Kuhn für Königin Pauline angefertigte Diadem. Ölgemälde von Viola von Sternenfels, 1914.

Eine stattliche Frauenerschei-nung: die Königin, 1916.

Noch heute erinnert an sie in Stuttgart die Charlottenklinik für Augenheilkunde. Im Jahr 1883 hatte der Stuttgarter Augenarzt Dr. Oskar Königshofer einen Verein gegründet, dessen Mitglieder durch Spenden für die Behandlung von weniger bemittelten Augenkranken aufkommen wollten. 1889, noch als Prinzessin, übernahm Charlotte die Patenschaft für diese »Dr. Königshofer'sche Vereinsaugenheilanstalt für weniger Bemittelte und Arme«, die dann ab 1891 ihren Namen trug. Auch die inzwischen zum Robert-Bosch-Krankenhaus gehörende Klinik Charlottenhaus, eine der ältesten Frauenkliniken Stuttgarts, erinnert heute noch an die Königin und ihr soziales Engagement.

»Reine du Wurtemberg«. Sammelbild der französischen Chocolaterie Guérin-Boutron, um 1900.

Mit ihrer Autorität als Königin unterstützte sie aber auch Bildungseinrichtungen, in denen Mädchen zu selbständiger Berufstätigkeit ausgebildet werden sollten. Bei den Schirmherrschaften, die sie persönlich übernahm, fällt ihr besonderes Interesse und Engagement für Einrichtungen auf, die die Verbesserung weiblicher Belange im Blick hatten. So setzte sie sich gemeinam mit ihrer Palastdame Gräfin Olga von Üxküll-Gyllenband für die Gründung des ersten württembergischen humanistischen Mädchengymnasiums ein (1899), das ab 1909 ihren Namen trug: Königin-Charlotte-Gymnasium[17]. Die ersten Abiturientinnen des Gymnasiums mussten ihre Abiturprüfung 1904 noch extern in einem Knabengymnasium ablegen. Als sie sich dann an der Universität Tübingen immatrikulieren lassen wollten, wurde dies zunächst abgelehnt. Erst nach sanftem

Charlotte Königin von Württemberg. Marmorbüste, um 1900.

17 Unter den Nationalsozialisten umbenannt in Hölderlin-Gymnasium.

Prinzessin Alexandra zu Schaumburg-Lippe, Charlottes jüngste Schwester. Ratiboritz, 1899.

Druck der Königin und ihrer Palastdame auf den König gelang dies im zweiten Anlauf.[18] Damit war Württemberg nach Baden (1900) und Bayern (1903) der dritte deutsche Teilstaat, der ein ordentliches Frauenstudium ermöglichte, noch vor Sachsen (1906) und Preußen (1908/1909). Die unkonventionelle Monarchin hatte es sich damals übrigens nicht nehmen lassen, diese ersten Abiturientinnen zu einem Besuch ins Wilhelmspalais einzuladen. Bemerkenswert ist auch, dass die fortschrittlich denkende Königin Namensgeberin einer »Frauenherberge« des Evangelischen Gemeindebundes war, dem »Charlottenhaus« in Tübingen.[19]

Einen intensiven Kontakt pflegte die Königin zu Künstlerinnen, so zu Hedwig Pfizenmayer, der Bebenhäuser Forstmeistertochter und Meisterschülerin von Adolf Hölzel. Von den Mitgliedern des 1893 gegründeten Württembergischen Malerinnen-Vereins, für den sie die Patenschaft übernommen hatte, erwarb sie regelmäßig Arbeiten, die ihre Räume auch im Schloss Bebenhausen schmückten.

Das deutliche Bekenntnis von Königin Charlotte zur Frauenemanzipation wurde in Württemberg damals nicht überall gerne gesehen. Aber auch außerhalb Württembergs, vor allem in Preußen, wurden diese Aktivitäten der württembergischen Königin mit Argwohn verfolgt.

---

18 Üxküll, S. 44.
19 Weiß, S. 23 f.

Gute Freundinnen: die Königin und ihre Palastdame Olga von Üxküll, um 1925.

Schauspielerin Louise Dumont trägt den Topas-Anhänger, das Geschenk der Königin, um 1930.

Zu dem Stuttgarter Hoftheater und einigen seiner Schauspielerinnen pflegte Charlotte bis zum Revolutionsjahr 1918 und teilweise noch darüber hinaus eine freundschaftliche Beziehung. Ein ganz besonderes Verhältnis verband sie aber mit Louise Dumont, von 1889 bis 1894 eine gefeierte Schauspielerin am Stuttgarter Hoftheater. Von ihrer Freundin, der Königin, erhielt diese damals einen in Perlen gefassten Topas mit einer Goldkette als Geschenk. Diesen Topas nannte sie ihren »Kraftstein«, der zeitlebens ihr Lieblingsschmuck blieb. Louise Dumont, diese deutsche Theaterlegende, gründete 1905 gemeinsam mit ihrem Mann, dem Regisseur Gustav Lindemann, das Düsseldorfer Schauspielhaus, das sie zu einer der angesehensten Bühnen Deutschlands machten. Als die berühmte Schauspielerin 1932 starb, schrieb ihr Mann dem Deutschen

Königin Charlotte von Württemberg. Ölgemälde von Robert Weise, 1912. Dieses Porträt hing, zusammen mit einem Porträt ihres Gatten, in der Galaloge des Großen Hauses (Opernhauses) in Stuttgart.

Bühnenverein: »Mich bewegt der Wunsch: der Goldtopas meiner Frau mit ihrer Halskette möge immer von der deutschen Schauspielerin getragen werden, die in ihrem Streben menschlich-geistig und künstlerisch dem nahesteht, was Louise Dumont gelebt hat.«[20] So wurde das Geschenk Charlottes an ihre Freundin Louise Dumont zu einer der begehrtesten Auszeichnungen, die an deutsche Schauspielerinnen vergeben werden, dem »Louise Dumont Topas«. Nach der 2012 verstorbenen Schauspielerin und Topasträgerin Maria Becker trägt nun die 1937 in Potsdam geborene Schauspielerin Nicole Heesters den »Louise Dumont Topas«, dieses »weibliche« Pendant zum Iffland-Ring.

Bis zum Jahr 1918 verlieh Königin Charlotte an weibliche Dienstboten zu deren 25. und 50. Dienstjubiläum das von Königin Olga, ihrer Vorgängerin, 1883 gestiftete »Olgakreuz«. Und 1916 stiftete König Wilhelm II. einen Orden, das berühmte »Charlottenkreuz«, das während des Ersten

Charlottenkreuz, 1916.

---

20 Theatermuseum Düsseldorf.

Beim Hofball in der Wiener Hofburg trug die Königin dieses mit kostbaren Brüsseler Spitzen verzierte gelbe Brokat-Seidenkleid eines Wiener Ateliers. Ölgemälde von Carl Schumacher, um 1895.

Weltkrieges von der Königin zunächst an Ärzte, Krankenschwestern und Krankenpflegerinnen verliehen wurde. Später wurde es auch für Verdienste in der Heimat an unzählige Lehrer und Pfarrer vergeben, die damals in den Dörfern Nahrungsmittel einsammelten für die Verwundeten und die württembergischen Truppen. Wie sehr die Menschen den Einsatz der Königin während des Ersten Weltkriegs schätzten, belegt ein Epigramm, das damals in Umlauf war:

»Fremdher bist Du gekommen und lang uns fremd geblieben.

Jetzt, in den Tagen der Not, sprechen die Herzen für Dich.«

Seinem Studienfreund von Reden schrieb der König damals aus Bebenhausen: »Meine Frau ist täglich in Lazaretten im ganzen Lande herum und neulich hatten wir 600 Tübinger Verwundete zu Gast im Schloss, d. h. Bewirtung in den Kreuzgängen, Concert im Sommer-Refectorium, wo die Musik famos wirkt.«[21]

Kaum bekannt ist bisher, dass Königin Charlotte anlässlich ihres 31. Geburtstags am 10. Oktober 1895 für ihre Hofdamen eine eigene, von dem Stuttgarter Hofjuwelier Eduard Föhr entworfene Auszeichnung stiftete, über deren Aussehen und Tragebestimmungen der damalige Oberhofmeister von Reitzenstein das Ordenskanzleramt informierte.[22] Unter den wenigen Trägerinnen dieser »Charlottenschleife« sind Charlottes Palastdame Gräfin Olga von Üxküll-Gyllenband, Hof- und Ehrendame Gräfin Julie von Degenfeld-Schonburg und Gräfin Caroline von Stauffenberg.

---

21 Diesen Brief vom 19. Juli 1916, der in Kürze vom Württembergischen Geschichts- und Altertumsverein ediert wird, stellte freundlicherweise Herr Dr. Albrecht Ernst zur Verfügung.
22 Diesen Hinweis gab freundlicherweise Herr Albert Raff.

Aus ihrer Abneigung gegen höfische Veranstaltungen und Zwänge machte die Königin indes keinen Hehl, und ihre öffentlichen Auftritte beschränkte sie auf ein notwendiges Maß. Wohl besonders gerne fuhr sie mit ihrem Gatten im November 1893, also unmittelbar nach dem Besuch Kaiser Wilhelms II. in Bebenhausen anlässlich der »Kaiserjagd«, zu einem Antrittsbesuch zu Kaiser Franz Joseph nach Wien. Da der Kaiser Charlottes Eltern und die Herrschaft Nachod kannte, war der Empfang besonders herzlich. Mit großem Gefolge kam er zum Westbahnhof und begrüßte dort seine Gäste aus Württemberg. Der Kaiser und das Königspaar mit Gefolge fuhren in 32 Hofwagen durch die Straßen Wiens, in denen sie von jubelnden Menschen begrüßt wurden, zur Hofburg. Am Abend wurde Charlotte vom Kaiser zu einem Hofball geführt. Dabei

Charlotte mit Palastdame Olga von Üxküll (links) und Hofdame Caroline von Stauffenberg (rechts) mit ihren Söhnen Alexander, Berthold und Claus (von links). Schloss Lautlingen, 1916.

Zur Kur in Wildbad:
Charlotte und ihre
Schwester Alexand-
ra, 1894.

trug sie ein für sie in Wien gefertigtes gelbes Atlas-Kleid und ein Diadem aus Brillanten und Saphiren. Am zweiten Tag des Besuchs lud der Kaiser nach dem Galadiner zur Freude der jungen Königin in den Zeremoniensaal der Hofburg zu einem Hofkonzert, in dem einige ihrer Lieblingsstücke gespielt wurden.

Doch ihre Geburtstage feierte die Königin, ganz im Gegensatz zu ihrem Gatten, lieber in der Abgeschiedenheit von Bebenhausen oder Friedrichshafen als gemeinsam mit der Bevölkerung. Zu den Kaisergeburtstagen in Berlin begleitete

Charlotte im »Hirschgang« von Schloss Bebenhausen, 1915.

sie ihren Gatten, den König, schon nach wenigen Jahren nicht mehr. Auch Militärparaden ließ sie den König meist alleine abnehmen. Wohl auch deshalb galt sie als zurückhaltend und konnte, im Gegensatz zu Prinzessin Marie, der ersten Frau Wilhelms, nur schwer die Herzen der Württemberger gewinnen. Ein Journalist charakterisierte sie im Jahr 1911 so: »Königin Charlotte ist eine stattliche, sympathische Frauenerscheinung von festem, energischem Charakter und von klugem Verständnis für die Pflichten und Aufgaben einer modernen Fürstin und Landesmutter.«[23]

---

23 Gerhardt, S. 42.

Erster Besuch in Bebenhausen

Wenige Wochen nach dem Tod von König Karl von Württemberg, dem Onkel König Wilhelms II., besuchte Königin Charlotte am 19. November 1891 Bebenhausen zum ersten Mal. Mit dabei waren ihr Gatte, König Wilhelm II., ihre Stieftochter, Prinzessin Pauline,

Eintrag im »Einschreibebuch« von Schloss Bebenhausen vom 19./29. November 1891.

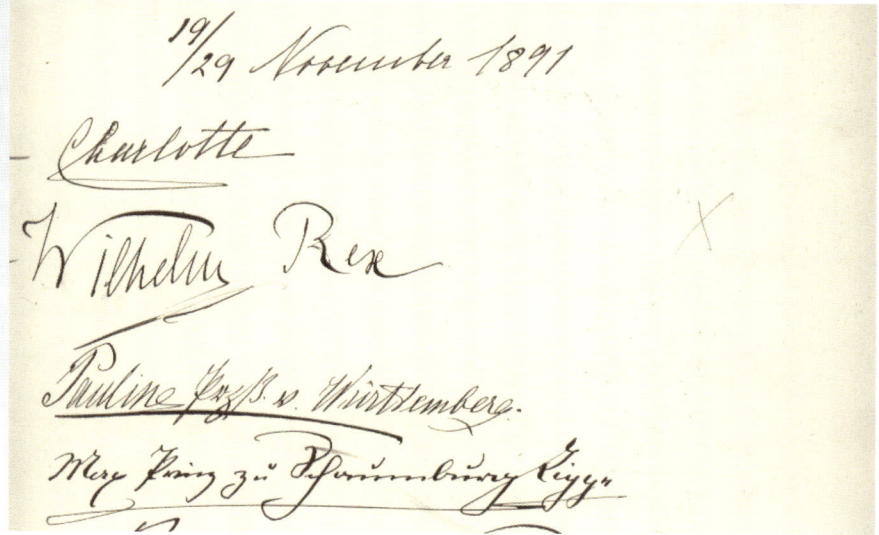

Pieter Francis Peters: »Königliches Jagdschloss Bebenhausen«. Aquarell, um 1888.

und einige weitere Personen, darunter Graf Philipp zu Eulenburg, Freund und Vertrauter von Kaiser Wilhelm II.

In einem Bericht an den Kaiser schildert zu Eulenburg diesen Aufenthalt so: »Nach dem Essen (in Tübingen) fuhren wir durch ein weites, bucheneingefaßtes Tal nach Bebenhausen. Wie ein Bild aus dem Mittelalter stieg nach halbstündiger Fahrt der wunderbare Gebäudekomplex des alten Klosters, sich etwas über die grüne Talsohle erhebend und von verschiedenen Türmen aller Art gekrönt, vor uns auf. Zwischen den Gebäuden windet sich im Kreise die Straße hinauf, bis man vor den niedrigen Türen der gotischen Zeit hält, die zu den Refektorien, Gängen und Klosterzellen führen. Der verstorbene

König (Karl) beschloss, das merkwürdige[24] Bauwerk vor dem Verfall zu schützen, und begann die Restauration, die während zwanzig Jahren fortgesetzt wurde. Es läßt sich nicht alles Wunderbare aufzählen, das das Kloster enthält, und es ist schwer zu sagen, ob das Sommer-Refektorium, das täuschend dem neu restaurierten Saal des Marienburger Hochschlosses gleicht, ob das Winter-Refektorium, die Kirche, der Speisesaal (Blauer Saal) oder der Klostergarten mit seinem gotischen Säulengang, der ihn umschließt, das Merkwürdigste ist. König Wilhelm, der nur einmal flüchtig das Kloster als Gast seines

---

24 Heute: sehenswürdige.

Erster Besuch in Bebenhausen

Onkels sehen durfte, nahm mit der Königin ohne Senti-
mentalität davon Besitz, um die Hirsche des Reviers mit
Krieg zu überziehen.

Salon der Königin
im Schloss Beben-
hausen, 1910.

   Die Königin in ihrer liebenswürdigen Natürlichkeit
und Einfachheit sah sich das wunderbare Haus wie ein
Kind an, dem man zum Geburtstage etwas aufbaut, freute
sich über Teller, Messer, Gabeln und alte Kasten, Waffen,
Majoliken und Geweihe, ohne den Gedanken zu haben,
daß sie vielleicht viel zu hoch stände, um so viel Erstau-
nen zu zeigen, oder daß sie in zu tiefer Trauer sei, um sich
so laut freuen zu können.«[25]

25 Haug, Eulenburg.

Das »liebe Bebenhausen«

Nun wurde Bebenhausen nicht nur für König Wilhelm II., sondern vor allem für seine Gemahlin, Königin Charlotte, zu einem ganz besonderen Aufenthaltsort. Hier, nahe Stuttgart, in ihrem »lieben Bebenhausen«, wie sie es nannten, konnten sie ungezwungen leben, ihren Neigungen nachgehen und Gäste empfangen.

Die Königin mit ihren Schwestern und Gefolge am König-Karl-Stein, um 1900.

Besuch aus Nachod im »lieben Bebenhausen«: Der König (liegend links), die Königin (dahinter stehend) mit ihren Schwestern Bathildis und Adelheid, ihren Eltern sowie ihrem Bruder Friedrich. Mit dabei: weitere Gäste sowie Hofmarschall Detlev von Plato (liegend rechts) und Palastdame Olga von Üxküll, um 1893.

Der König soll einmal gesagt haben: »Wenn ich hier in Bebenhausen einen Tag residier, entschädigt dies mich für Wochen der Alltagsmühe bei Hofe in der Residenz.«[26] Auch das Personal hielt sich lieber in Bebenhausen auf als in Stuttgart, denn hier ging es viel legerer zu.

Die Königin ließ einen Hammerflügel des Stuttgarter Klavierbauers Richard Lipp und andere Musikinstrumente nach Bebenhausen kommen, um hier vor allem mit ihren Schwestern, die sie regelmäßig besuchten, zu musizieren. Das Gehäuse des Flügels war vom Klavierbauer passend zur Vertäfelung des »Blauen Saals« ausgeführt worden. Sie selbst besaß eine wohlklingende Stimme und und spielte vorzüglich Klavier. Es wurde eine Hofbibliothek eingerichtet, und aus dem im Schloss noch vorhandenen Ausleihebuch geht hervor, dass Charlotte deren eifrigste Benutzerin war. Mitunter nahm sie nach ihren Frühjahrsaufenthalten in Bebenhausen auch Lektüre in die Friedrichshafener Sommerresidenz mit.

Ihre Schwester Bathildis hatte inzwischen Fürst Friedrich von Waldeck-Pyrmont geheiratet (1895), mit dem sie vier Kinder hatte. Für diese fertigte Bathildis zu

---

26 Zitat nach der Familientradition der Familie Feyerabend-Fischer.

Das »liebe Bebenhausen«

Oben: Schloss Bebenhausen, Blauer Saal.

Unten: Schloss Bebenhausen, Lesezimmer.

Das Königspaar mit Tochter Pauline vor einer Ausfahrt mit Fahrrädern am 11. Juli 1897.

Weihnachten 1904 ein Kinderbuch mit eigenen Geschichten und Zeichnungen an, das sie später auch an Kinder in Bebenhausen verschenkte. Ganz besonders amüsant darin ist die Geschichte »Was der Spitz erzählte«; diese handelt nämlich von den Spitzern König Wilhelms II. und deren Unarten sowie von dessen Tochter Pauline, »Kenigs Päule«. Schwester Adelheid, unglücklich verheiratet mit Herzog Ernst von Sachsen-Altenburg (1898), kam ebenfalls gerne zu Besuch nach Bebenhausen, um sich hier bei ihrer älteren Schwester immer wieder Rat zu holen. Schließlich führten die vielen Affären des Herzogs dazu, dass sich Adelheid nach dessen Abdankung scheiden ließ (1920) mit den Worten: »Als Landesmutter habe ich die Schmach ertragen, als (nur noch) Ehefrau bin ich dazu nicht mehr bereit.«[27] Alexandra, die jüngste Schwester

27 Aussage von Baronin Elsa von Falkenstein.

Das »liebe Bebenhausen«

Charlottes, die nicht verheiratet war und im elterlichen Nachod wohnte, weilte mit ihrer Hausdame oft monatelang in Bebenhausen. Die Brüder Max und Albrecht hatten inzwischen, wie bereits erwähnt, die beiden Töchter von Herzogin Wera von Württemberg, Olga und Elsa, geheiratet und waren ebenfalls häufig zu Gast in Bebenhausen.

Mit Schlitten rodelten die Königin und ihre Begleitung im Winter vom König-Karl-Stein bis zum Gasthof »Zum Hirsch« hinunter, oder von der ehemaligen Klosterherberge bis zum Schreibturm. Mitunter durften auch Dorfkinder mitfahren, was für diese dann ein großes Ereignis war. Und die Königsfamilie unternahm Radtouren in den Schönbuch, was damals großes Aufsehen erregte. Kaiser Wilhelm II., der über seinen Gesandten in Stuttgart, Graf Philipp zu Eulenburg, von diesen Ausfahrten hörte, bemerkte dazu: »Stille Nebenabsicht aller drei: sich von ihrer Körperfülle etwas zu erleichtern.«[28]

Charlottes Schwestern Alexandra und Bathildis auf ihrem Weg nach Bebenhausen, um 1900.

---

28 Haug, Eulenburg.

Gerne kehrte das Königspaar in den Gasthöfen »Zum Hirsch« und »Zum Waldhorn« ein. Die Königin aß dort besonders gerne grüne Bohnen mit einer Mehlsoße, aber auch Maultaschen und Gaisburger Marsch mit Butterzwiebeln. Und wenn Wilhelm und Charlotte im »Hirsch« auf der Veranda saßen, dann brauchten sie ihren Nachtisch nicht eigens zu bestellen, denn jeder im Haus wusste: Für Majestät kamen nur Apfelpfannkuchen in Frage. Die Königin dagegen aß ihre Pfannkuchen lieber mit eingemachten Kirschen. Und wenn sie darin ab und zu noch einen Kirschkern fand, dann spuckte sie ihn mit einem verschmitzten Lächeln über die Verandabrüstung.[29]

---

29 Nach der Überlieferung in der Gastwirtsfamilie des Gasthofs »Zum Hirsch«.

Den König und die Königin verbanden drei »Passionen«: die Pferde, die Jagd und die Hunde. Während der Aufenthalte in Bebenhausen wurde nahezu täglich ausgeritten oder mit der Kutsche ausgefahren. War der Kutscher dabei manchmal etwas langsam, kam die Königin zu ihm auf den Kutschbock und sagte zu ihm: »Geh weg!« Dann nahm sie die Zügel in die Hand und fuhr in rasantem Tempo durch das Dorf; die enge Kurve am »Hirsch« meisterte sie jedes Mal mit Bravour. Der sportlichen Königin gelang es sogar einmal, nach einem Achsenbruch die scheuenden Pferde zum Stehen zu bringen und so ein Unglück zu verhindern.

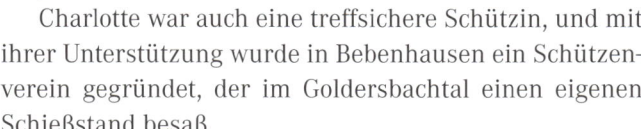

Geweihrahmen mit Fotografie von Königin Charlotte im Jagdkostüm, 1894.

Charlotte war auch eine treffsichere Schützin, und mit ihrer Unterstützung wurde in Bebenhausen ein Schützenverein gegründet, der im Goldersbachtal einen eigenen Schießstand besaß.

Die jährlichen Hofjagden, zu denen das Königspaar Gäste nach Bebenhausen einlud, so auch Kaiser Wilhelm II. im Jahr 1893, waren nicht nur für dieses, sondern auch für das Dorf große Ereignisse. Heute erinnert die große und bedeutende Jagdtrophäensammlung im Schloss Bebenhausen an diese Zeit.

Das Königspaar mit seinen Jagdgästen vor der Jagdstrecke, 1898.

Charlotte

Das »liebe Bebenhausen«

Sowohl der König als auch die Königin besaßen stets einen oder mehrere Hunde. Nach den legendären »Königsspitzern« Ali und Rubi[30] hatte sich der König einen schottischen Schäferhund namens Jim zugelegt, der wegen seiner Unarten bei Jung und Alt gefürchtet war.[31] Später hielten der König und die Königin Jack und Ingo, zwei Hunde derselben Rasse. Die Königin besaß um 1915 noch einen Landseer, bevor sie sich dann, als Witwe in Bebenhausen, die Terrier Gypsy und Bebo zulegte.

Zu den Dorfbewohnern entwickelten der König und die Königin ein sehr freundschaftliches Verhältnis. Während der König die kleine Dorfschule, die Feuerwehr und die Gemeindearbeit unterstützte, kümmerte sich die Königin um die Alten und Kranken im Dorf. Ein ganz besonderes Verhältnis verband Charlotte aber mit den Dorfkindern. Bei ihren Aufenthalten in Bebenhausen besuchte sie regelmäßig die einklassige Schule, deren Schulraum sich damals im Schloss befand, und »erkundigte sich in

Charlottes Terrier Bebo hält Wache am Eingang zum »Kapff'schen Bau«, 1934.

Linke Seite: Die Königin mit ihrem Landseer im Klostergarten Bebenhausen, 1915. Postkarte des Deutschen Roten Kreuzes.

---

30 Dieser bekam im Prälatengarten in Bebenhausen sein Hundegrab.
31 Haug, Im Schatten des Klosters, S. 36 f.

Weise nach dem Unterricht, der gerade gegeben wurde, ließ sich von jedem der Kleinsten die Tafel reichen«. Zu Weihnachten durfte sich jeder Schüler von der Königin etwas wünschen. Vom Lehrer wurden die Wünsche der Schüler nach Stuttgart weitergeleitet, und die Geschenke kamen kurz vor Weihnachten nach Bebenhausen.

So teilte die Hofdame der Königin, Gräfin von Degenfeld, am 14. Dezember 1893 dem Dorflehrer mit, »daß am heutigen Tag 56 Gegenstände abgegangen (sind, d. Verf.), die Ihre Majestät die Königin den Bebenhäuser Schülern zu der Weihnachtsbescherung zugedacht hat. Die Bücher sind für 40 der Kinder, die Spielsachen für die 16 Sechs- und Siebenjährigen«.[32] Später erhielten die Buben von der Königin die gewünschten Schlittschuhe, Schlitten, Blechspielzeuge und Bücher. Die Mädchen dagegen wünschten sich Nähkörbe, Puppen oder Puppenstuben. Während ihres jährlichen Herbstaufenthalts in Bebenhausen kam die Königin in die Werkstatt des Dorfschreiners und bestellte

»Herr Baron und Frau Baronin mit Tochter und Mamsell«, Geschenk der Königin an ein Bebenhäuser Mädchen für seine Puppenstube.

32 Aufzeichnungen Weiblen. In diesen Zahlen sind auch die Kinder von Waldhausen enthalten, das bis 1934 zu Bebenhausen gehörte.

Das »liebe Bebenhausen«

bei ihm die Gehäuse, Betten, Nachttische, Büfetts, Tische und Stühle für die Puppenstuben; die übrigen Einrichtungsgegenstände und die Püppchen besorgte sie bei der Stuttgarter Firma Spielwaren Kurtz.

Einmal im Jahr lud Königin Charlotte die Kinder aus Bebenhausen und Waldhausen zu Kakao und Hefezopf ins Schloss ein, und jedes von ihnen brachte ihr ein Blumensträußle mit. Hofangestellte waren an diesen Kindernachmittagen nicht dabei, die Königin bewirtete die Kinder selbst. »Es war ergötzlich zu sehen, wie die junge Schar so vollzählig sich versammelte in freudiger Erwartung des Genusses. Majestät saß bei den Kindern, aß und trank mit ihnen und lachte mit ihnen«[33], schreibt der Dorfschullehrer in seinen Erinnerungen.

An ihrem 70. Geburtstag lud die Königin die Kinder von Bebenhausen zu Kakao und Hefezopf in den Gasthof »Zum Hirsch« ein.

---

33 Aufzeichnungen Weiblen.

An das Württemberger Volk!

Wie ich schon erklärt, soll meine Person niemals ein Hindernis sein für die freie Entwicklung der Verhältnisse des Landes und sein Wohlergehen.

Geleitet von diesem Gedanken, lege ich mit ... die Krone nieder.

Allen die mir in 25 Jahren treu ... erwiesen haben, vor allem auch unsern ... durch 4 Jahre schwerer Kämpfe ... Vaterlandes fern gehalten hat, ... mit meinem letzten Gruße ... ihrem Volke erblühen.

Ich bleibe ...

Die Revolution 1918 und der Tod Wilhelms II.

A ls die Revolutionswirren im Jahr 1918 auch Stuttgart erreicht hatten, entschlossen sich der König und die Königin am Abend des 9. November, Stuttgart zu verlassen und in Begleitung von Mitgliedern des Arbeiter- und Soldatenrats in ihr »liebes Bebenhausen« zu fahren. Von hier aus dankte der König am 30. November 1918 schließlich ab: »Mit dem heutigen Tage lege ich die Krone nieder. Allen, die mir in 27 Jahren treu gedient oder mir sonst Gutes erwiesen haben, danke ich aus Herzensgrund. Ich spreche hiebei zugleich im Namen meiner Gemahlin, die nur schweren Herzens ihre Arbeit zum Wohle der Armen und Kranken im bisherigen Umfang niederlegt. Gott segne, behüte und beschütze unser geliebtes Württemberg in alle Zukunft. Dies ist mein Scheidegruß!«

In einem Gespräch in Bebenhausen wenige Wochen

Das Wilhelms-palais in Stuttgart, um 1900.

An das Württemberger Volk!

Wie ich schon erklärt, soll meine Person niemals ein Hindernis sein für die freie Entwicklung der Verhältnisse des Landes und dessen Wohlergehen.

Geleitet von diesem Gedanken, lege ich mit dem heutigen Tage die Krone nieder.

Allen die mir in 27 Jahren treu gedient oder mir sonst Gutes erwiesen haben, vor allem auch unsern heldenmütigen Truppen, die durch 4 Jahre schwersten Ringens mit größtem Opfermut den Feind vom Vaterlande fern gehalten haben, danke ich aus Herzensgrund und erst mit meinem letzten Atemzuge wird meine Liebe zur teuren Heimat und ihrem Volke erlöschen.

Ich spreche hiebei zugleich im Namen meiner Gemahlin, die nur schweren Herzens ihre Arbeit zum Wohle der Armen und Kranken im bisherigen Umfang niederlegt.

Gott segne, behüte und schütze unser geliebtes Württemberg in alle Zukunft.

Dies mein Scheidegruß.

Bebenhausen, den 30. November 1918.

Wilhelm

Abdankung von König Wilhelm II. Druck von Karl Höhn, 1918.

nach seiner Abdankung äußerte sich der ehemalige König über diese schwierigen Tage so: »Man ist mir übrigens selbst in den schwierigsten Augenblicken nie verletzend entgegengetreten. Die Abordnung des Arbeiter- und Soldatenrats versicherte mir, daß mir und meinem Eigentum durchaus nichts geschehen werde. Auch als wir im Auto durch Stuttgart Bebenhausen zu fuhren, mußten wir ein paarmal langsam durch größere Aufläufe hindurch. Aber überall grüßte man uns freundlich und machte bereitwillig

Platz. Rasch und fast unvermutet ist es allerdings gekommen. Ich ging am Tag vorher durch verschiedene Straßen (in Stuttgart) spazieren und garnichts deutete auf etwas Außerordentliches hin. Allerdings haben wir gefühlt, daß etwas in der Luft liegt. Daß es aber zur Katastrophe kommen sollte, haben wir nicht geahnt.«[34] Auf die Frage, weshalb er und seine Gattin, im Gegensatz zu anderen Monarchen, im Land geblieben seien, antwortete Wilhelm: »Sagen Sie mir, wo hätten wir denn hingehen sollen? Es ist doch das Natürlichste, daß wir inmitten des Landes geblieben sind. Und wir fühlen uns hier (in Bebenhausen) durchaus sicher. Nie hätte ich es so gemacht wie mein Nachbar im Osten[35], von Berlin ja garnicht zu reden.«[36]

Der König und die Königin, jetzt »Herzog und Herzogin zu Württemberg«, waren nun Bürger von Bebenhausen. Die neue Regierung

Nun Herzog und Herzogin zu Württemberg: das ehemalige Königspaar in Bebenhausen, 1918.

---

34 Archiv des Verfassers.
35 König Ludwig III. von Bayern ging ins Exil nach Ungarn.
36 Kaiser Wilhelm II. ging ins Exil nach Doorn in den Niederlanden.

Bebenhausen von
Osten mit dem
»Kapff'schen Bau«.

hatte ihnen in dem zwischen ihr und dem König getroffenen Abkommen vom 29. November 1918, also einen Tag
vor dessen Abdankung, das lebenslängliche Wohnrecht
für Schloss Bebenhausen zugestanden. Das Königspaar
hatte hier zuvor umfangreiche Baumaßnahmen durchführen lassen. So war unter dem Architekten Eugen Wörner
ab 1914 der gesamte »Kapff'sche Bau« für das Gefolge
und für Gäste eingerichtet worden. Während des Ersten
Weltkriegs wurde unter seiner Leitung das Innere der
ehemaligen Infirmerie in Anlehnung an den englischen
Landhausstil umgebaut. Unter Einbeziehung der vorhandenen historischen Ausstattungen modernisierte Wörner
diesen Bau, in dem bisher auch die Dorfschule von Bebenhausen untergebracht war. Parallel dazu hatte das Königspaar für seine Jagdgesellschaften und Empfänge einen

Die Revolution 1918 und der Tod Wilhelms II.

geräumigen Saal einrichten lassen, den »Grünen Saal«.

Auch das Appartement der Königin, über dem »Grünen Saal« gelegen, war nach den Plänen Wörners in den Jahren 1915/16 umgebaut worden. Die Ausstattung des Vorzimmers war dabei ganz auf die Jagdleidenschaft der Königin abgestimmt mit Jagdtrophäen an den Wänden und einem Lüster aus drei Geweihstangen, die durch Kiefernzweige in bemaltem Eisenblech miteinander verbunden sind. Wörner hatte im September 1918 den Auftrag bekommen, auch die Räume des Königs umzubauen, da dessen Hausarzt sonnige und helle Zimmer empfohlen hatte. Doch diese Arbeiten konnten nicht mehr realisiert werden.

Schloss Bebenhausen, Treppenhaus im »Kapff'schen Bau«.

Wie schon bisher nahmen Wilhelm und Charlotte am Dorfleben weiter regen Anteil. Nach der Abdankung feierten sie mit den Dorfbewohnern, die sie nahezu alle persönlich kannten, Weihnachten. Johannes Weiblen, der Bebenhäuser Oberlehrer und Hofkalligraph (»Hofschönschreiber«) berichtet: »Am heiligen Abend durfte die hiesige Gemeinde eine schöne, erhebende Weihnachtsfeier bei dem geliebten Herzogspaar im Schlosse begehen. Nachdem das Festgeläute verklungen war, sammelten sich die Schulkinder mit dem Lehrer, mit ihren Geschwistern und Eltern, sowie viele sonstige Gemeindeangehörige im Kreuzgang und betraten um ½ 5 Uhr den prächtigen, behaglich durchwärmten Saal des Winterrefektoriums, wo

Schloss Bebenhausen,
Grüner Saal.

Schloss Beben-
hausen, Früh-
stückszimmer.

ihnen der Lichterglanz des Weihnachtsbaums entgegen-
strahlte und sie das Herzogspaar huldvoll empfing. In der
einen Hälfte des Saals standen die Gabentische, in der an-
dern stellten sich die Eltern und sonstigen Erwachsenen
auf, in der Mitte, dem Herzogspaar und dem Christbaum
gegenüber, die Kinder mit dem Lehrer. Die Feier wurde
mit einem Weihnachtschoral der Schulkinder eröffnet ...
Nun begab sich das Herzogspaar an die Gabentische, und
die Kinder, ihre Eltern sowie der Lehrer wurden reichlich
beschenkt. Die Kinder erhielten nicht bloß die Geschenke,
die sie sich von Ihrer Königlichen Hoheit, der Herzogin,
wünschen durften, sondern sie wurden auch von dem
Herzog aufs reichste mit Gebäck, Spielsachen und Lern-
mitteln erfreut ... Dann unterhielten sich die hohen Fest-
geber in leutseliger, freundlicher Weise mit allen Gästen.«

Die Revolution 1918 und der Tod Wilhelms II.

Doch das Königspaar, das bis dahin noch keinen ganzen Winter im Schloss in Bebenhausen verbracht hatte, musste dann feststellen, dass dieses sich für einen Winteraufenthalt nicht gut eignete. Denn trotz der wenige Jahre zuvor im »Kapff'schen Bau« eingebauten Dampfheizung wurden die Räume in der strengen Phase des Winters nicht richtig warm. Und die im Herrenhaus gelegenen Räume des ehemaligen Königs wurden ja nach wie vor mit Kachelöfen beheizt. Wilhelm schrieb damals seinem Studienfreund Gottfried von Reden aus Bebenhausen:

Speisekarte für die königliche Tafel in Bebenhausen, geschrieben von Oberlehrer und Hofkalligraph Johannes Weiblen, 22. November 1901.

Bebenhäuser
Förster halten die
Totenwache am
Sarg des im Som-
merrefektorium
aufgebahrten ehe-
maligen Königs.

»Wir haben uns ganz nach oben zurückgezogen und Speisesaal samt Salon abgeschlossen der Heizungs-Verhältnis-
se halber, aber so geht es noch, seitdem ein findiger Kopf
die Entdeckung gemacht hat, dass man einen kleinen Teil
der Centralheizung allein in Bewegung setzen und diesen
mit ›Stumpen‹ statt Kohle heizen kann. Die ›Stumpen‹ sind
die Reste starker Stämme auf neu aufzuforstenden Bestän-
den. Jeden Morgen glaubt man hier in einer Schlacht zu
stehen, wenn diese für unsern Bedarf in nächster Nähe
gesprengt werden und dann direkt unter meinem Zimmer
mit entsetzlichem Getöse zerkleinert werden.«[37]

---

37 Diesen Brief vom 11. November 1919, der in Kürze vom
    Württembergischen Geschichts- und Altertumsverein ediert wird,
    stellte freundlicherweise Herr Dr. Albrecht Ernst zur Verfügung.

Die Revolution 1918 und der Tod Wilhelms II.

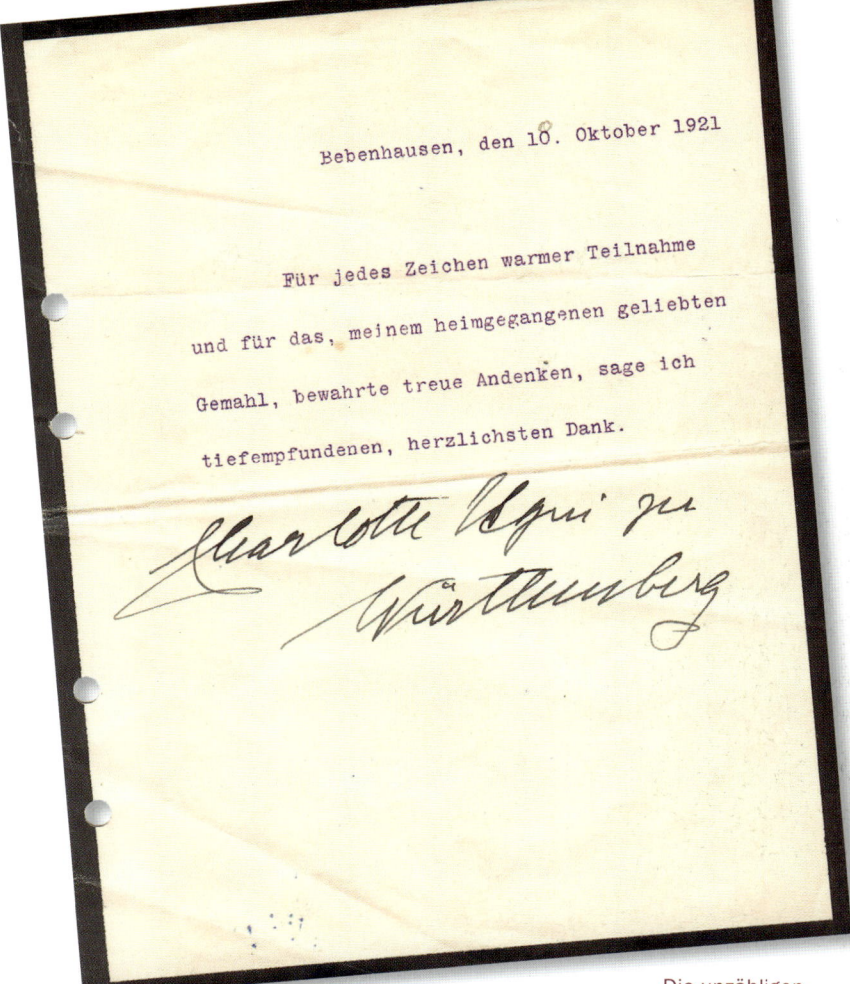

Bebenhausen, den 1̊0. Oktober 1921

Für jedes Zeichen warmer Teilnahme und für das, meinem heimgegangenen geliebten Gemahl, bewahrte treue Andenken, sage ich tiefempfundenen, herzlichsten Dank.

Charlotte Herzogin zu Württemberg

Die unzähligen Beileidsbriefe, die Charlotte nach dem Tod ihres Gatten erhielt, beantwortete sie mit diesem Dank.

Deshalb beschlossen Wilhelm und Charlotte im Frühjahr 1920, den Hauptwohnsitz nach Schloss Friedrichshafen, den bisherigen Sommersitz der württembergischen Königsfamilie, zu verlegen und Bebenhausen nur noch – wie bisher – im Frühjahr und Herbst zu bewohnen. So fuhr Wilhelm am 21. September 1921 von Friedrichshafen nach Bebenhausen, um hier noch einige Wochen zu verbringen. Bei diesem Aufenthalt zog er sich eine Erkältung zu, von der er sich nicht mehr erholen sollte, und er starb 73-jährig am 2. Oktober 1921 in seinem von ihm so geliebten Bebenhausen.

Der Witwensitz Bebenhausen

N ach Wilhelms Tod am 2. Oktober 1921 waren die Dorfbewohner in großer Sorge darüber, wie es mit dem Schloss in Bebenhausen weitergehen würde, nachdem nicht Bebenhausen, sondern Friedrichshafen zum Hauptwohnsitz von Wilhelm und Charlotte geworden war. Mit Spannung wurde deshalb der Eröffnung

Schloss Bebenhausen, Herrenhaus mit Schlossturm.

Nun Bürgerin von Bebenhausen: Charlotte, um 1925.

des Testaments des Königs durch das Nachlassgericht in Bebenhausen entgegengesehen. Dieses sorgte dann für Verwunderung, denn sein Privatvermögen ging nicht, wie erwartet, an seine Tochter, Fürstin Pauline zu Wied, sondern Wilhelm hatte seine Enkel, Erbprinz Hermann und Prinz Dietrich zu Wied, als Erben eingesetzt. Seine Tochter erhielt lediglich die lebenslängliche Nutznießung an der Vorerbschaft und wurde als Testamentsvollstreckerin eingesetzt.[38]

Sie begleiteten Charlotte von Friedrichshafen nach Bebenhausen: Hofdame Elsa von Falkenstein und Kammerherr Karl von Gemmingen.

---

38   Ortsarchiv Bebenhausen C 11/288.

Der Witwensitz Bebenhausen

Freifrau Helene von Reitzenstein bot Charlotte ihre Villa Reitzenstein in Stuttgart als Witwensitz an, den heutigen Sitz des Ministerpräsidenten von Baden-Württemberg.

In Friedrichshafen erhielten nun die meisten Ange-stellten des Königspaars ihre Kündigung, und der aus Winterbach stammende Kammerlakai Wilhelm Uetz, der dem Königspaar 1918 zunächst nach Bebenhausen und dann nach Friedrichshafen gefolgt war, schreibt in seinen Erinnerungen: »Nach dem Tode von König Wilhelm II. am 2. Oktober 1921 musste die Hofhaltung drastisch ver-kleinert werden. Und so entschied ich mich freiwillig zu gehen.«[39]

Königin Charlotte zog am 1. Dezember 1921, also nur wenige Wochen nach der Testamentseröffnung, mit einigen wenigen Angestellten endgültig nach Schloss Bebenhausen, für das ihr vom Staat das lebenslängliche Nutzungsrecht zugestanden worden war. Doch dieses Nutzungsrecht erstreckte sich nur auf die staatlichen Ge-bäude, nicht jedoch auf die Klostermühle, die Privatbesitz

---

39 Heimatmuseum Winterbach.

des Königs war und ebenfalls in den Besitz seiner Enkel überging. Da sich dort aber die Turbinenanlage zur Stromerzeugung für das Schloss, Wohnungen für die Hofangestellten sowie die Garagen befanden, führte dieser ungute Zustand im Laufe der Jahre immer wieder zu Unstimmigkeiten zwischen der Fürstlich Wiedischen Verwaltung und der Hofhaltung.[40]

Das für die Königin und ihre wenigen Angestellten viel zu große und aufwendige Schloss sollte nun noch für 25 Jahre ihre Heimat werden. Angebote von Verwandten und

Auf der Schlossterrasse in Bebenhausen: die Königin mit ihrer Schwester Adelheid (rechts) und Hofdame Elsa von Falkenstein, um 1928.

Freunden für komfortablere Wohnsitze schlug sie aus: Das von ihr so geliebte Bebenhausen war nun ihr Zuhause. Um die kleine Hofhaltung standesgemäß weiterführen zu können, erhielt sie zusätzlich zu ihrer vom Staat gewährten Rente von 70 000 Mark jährlich regelmäßige Zuschüsse der Hofkammer (1919–1933 Rentkammer) des Hauses Württemberg. Ohne diese Zuschüsse wäre es der Königin nicht möglich gewesen, in Bebenhausen eine standesgemäße Hofhaltung weiterzuführen, und sie hätte sich ins Privatleben zurückziehen müssen. Andererseits stand einer Witwe aus dem Hause Württemberg diese vertraglich garantierte Rente aus dem Familienvermögen zu. Bereits damals richtete Königin Charlotte ein Sparkonto ein, dessen von ihr im Laufe der Jahre ersparte Geldsumme nach ihrem Ableben ihren langjährigen Angestellten anteilig zugute kommen sollte.

Linke Seite: Königin Charlotte backt mit ihren Gästen Pfannkuchen an der Königlichen Jagdhütte. Aquarell von Hofdame Elsa von Falkenstein im Gästebuch der Jagdhütte, um 1914.

---

40 Davon betroffen war auch der Vater des Verfassers, der als Angestellter der Königin für diesen Bereich zuständig war.

Die Angestellten der Königin an deren 70. Geburtstag, dem 10. Oktober 1934. Sitzend von links: Kammerfrau Wanda Berndt, Palastdame Olga von Üxküll, Hofdame Elsa von Falkenstein, Garderobière Else Sommer; hinten stehend: der Chauffeur, der Schlossverwalter, der Haushofmeister, die Lakaien, die Köchin sowie das sonstige Haus- und Küchenpersonal.

Bebenhausen war nun Lebensmittelpunkt der Königin. Hier nahm sie am Dorfleben teil und bekam viel Besuch. Vor allem ihre Schwestern Bathildis, Adelheid und Alexandra kamen häufig nach Bebenhausen. Und für ihre vielen Nichten und Neffen war es ein ganz besonderes Erlebnis, bei »Tante Königin«[41] die Ferien zu verbringen. Man backte an der Königsjagdhütte im Schönbuch Pfannkuchen und musizierte im »Blauen Saal« im Schloss. Prinzessin Alexandra, die jüngste Schwester Charlottes, im Dorf »Alex« genannt, war auch eine gute Organistin und spielte häufig auf der alten mechanischen Walker-Orgel in der Klosterkirche. Dann war die ältere Schwester des Verfassers als »Kalkantin« gefordert: Sie musste den Blasebalg betätigen, also »Orgel treten«, wie man es damals nannte. Doch die Prinzessin pflegte in Bebenhausen auch

---

41 Überliefert von Fürstin Bathildis zu Schaumburg-Lippe, Tochter von Königin Charlottes Bruder Albrecht und Enkelin von Herzogin Wera von Württemberg.

noch einer anderen Leidenschaft nachzugehen: Sie spaltete gerne Holz! Die im Küferhaus wohnenden Großeltern des Verfassers hielten deshalb für sie immer einen Haufen Holz zum Spalten bereit. Sie kam dann am Morgen nach dem Frühstück, rückte den Spaltblock zurecht, zog sich feine Lederhandschuhe an und spaltete täglich zwei oder drei Stunden Holz, so wie sie es auch zuhause auf Schloss Nachod tat.

Bis ins hohe Alter erhielt Charlotte in Bebenhausen auch immer wieder Besuch von dem einen oder anderen ihrer vielen Patenkinder. Bis zur Revolution im Jahr 1918 war es ja üblich, dass für den siebten Sohn einer Familie der König und für die siebte Tochter die Königin die Patenschaft übernahm. Diese Patenkinder erhielten vom König oder der Königin ein Taufgeschenk »zur bleibenden Erinnerung« und trugen in der Regel den Namen Wilhelm oder Charlotte. Auch später übernahm Charlotte noch unzählige Patenschaften.

Über das Dorfleben war die Königin immer gut informiert, denn ihre Angestellten waren gehalten, ihr von dort alle Neuigkeiten zu berichten. Bis ins hohe Alter besuchte sie zu Weihnachten reihum die Alten und Kranken im Dorf und brachte ihnen ein Christbäumchen aus der Saatschule des Forstamts und ein Geschenk.

Höhepunkt des Schuljahres war für die Schulkinder die Aufführung eines Krippenspiels vor Weihnachten im Beisein Charlottes und ihrer Hofdame, Elsa Baronin von Falkenstein. Vorne im Schulraum wurden als Ehrenplätze zwei Korbsessel aufgestellt, davor ein niederer Tisch, auf den die Geschenke der Königin aufgestapelt wurden, die am Vormittag von zwei Kammerdienern gebracht worden waren. Nach dem Krippenspiel kam es zur Gabenverteilung. Vor dem »Dankeschön, Majestät«, das sie nach Empfang ihres Geschenks sagen mussten, hatten die Schüler allerdings oft mehr Angst als vor dem gesamten Krippenspiel.[42]

---

42 Weber, Erinnerungen.

Oft unterwegs:
Charlottes Reisen

Aus der Enge Bebenhausens heraus unternahm Charlotte viele kleine Ausflüge und größere Reisen. Man fuhr zu den Stauffenbergs nach Lautlingen oder an den Bodensee. Häufig wurde in Freiburg oder auch in Zwingenberg die ehemalige badische Großherzogin Hilda besucht, zu der Charlotte und ihre Schwester Alexandra ein enges Verhältnis pflegten.

Regelmäßig im Monat Mai ging es mit dem Zug zur Kur nach Bad Gastein. Dorthin nahm Charlotte, neben ihren

Die Helenenburg in Bad Gastein, um 1930.

Schwestern Alexandra und gelegentlich auch Adelheid, stets einige ihrer Angestellten mit, damit auch sie sich dort erholen konnten. Gewohnt wurde bei den Gallneukirchner Diakonissen in der »Helenenburg«. Damals bestand ja eine enge Verbindung zwischen der evangelischen Kirche Österreichs und der Evangelischen Landeskirche in Württemberg. Die ersten Gallneukirchner Diakonissen hatten 1874 ihre Ausbildung in der Stuttgarter Diakonissenanstalt bekommen. Und Herzogin Wera von Württemberg, die Gallneukirchen mehrere Male besuchte, bedachte das dortige Mutterhaus über viele Jahre hinweg mit beachtlichen »Liebesgaben«. Aber auch Charlottes Familie in Nachod unterstützte die Arbeit der Gallneukirchner

Charlotte mit Schwester Ida Paetsch vor der Helenenburg, Aquarell von Matthias Freynschlag.

Hoch über dem Städtchen Nachod gelegen: das Schloss.

Umgeben von einem großen Park: Schloss Ratiboritz.

Diakonissen und bezog das »Evangelische Vereinsblatt von Oberösterreich«.

Später im Sommer fuhr man, ebenfalls mit dem Zug, für zwei oder gar drei Monate nach Nachod in Böhmen. Dort, im Schloss Nachod ebenso wie im Schloss Ratiboritz, bewohnte die Königin Räume, die von ihr selbst eingerichtet worden waren. Während ihrer Sommeraufenthalte gab es ein reichhaltiges Programm. Es wurden Ausflüge gemacht, vor allem zu den württembergischen Verwandten nach Carlsruhe in Schlesien, aber auch nach Prag und Wien. Gäste kamen zu Besuch, und Charlottes Bruder Friedrich organisierte Hauskonzerte mit teilweise namhaften tschechischen Musikern, darunter die Geigerin Marie Heritesova und

Die Königin an ihrem 70. Geburtstag, dem 10. Oktober 1934.

Charlottes Alb-Wanderführer von Julius Wais mit ihrer Signatur.

der damals noch junge Geiger Rafael Kubelík, der spätere Chefdirigent des Symphonieorchesters des Bayerischen Rundfunks (1961–1979) und Dirigent von anderen bedeutenden Orchestern.

Ihre Rückfahrt von Nachod nach Bebenhausen unterbrach die Königin mitunter in Bayreuth, um dort die Wagner-Festspiele zu besuchen. Gelegentlich weilte sie auch, wie bereits seit dem Jahr 1899, für einige Tage auf dem im Inntal gelegenen Schloss Neubeuern. Dort wohnte Gräfin Julie von Degenfeld-Schonburg, eine ihrer ehemaligen Hofdamen (1891–1895), die mit Baron Jan von Wendelstadt verheiratet war und noch bis 1918 als »Ehrendame« im Hofstaat der Königin geführt wurde. Sie hatte in Neubeuern einen Freundeskreis um sich gebildet, zu dem unter anderen Hugo von Hofmannsthal, Annette Kolb, Rudolf Alexander Schröder, Henry van de Velde, Bruno Paul, Harry Graf Kessler, Eugen Roth und der Komponist und Musiker Max von Schillings, Generaldirektor des Stuttgarter Hoftheaters von 1908 bis 1918, gehörten. Dazu kamen bekannte Maler wie Arnold Böcklin, Franz von Lenbach, Ludwig von Hofmann, Franz von Stuck und Leo Putz. Wohl dort wurde Charlottes Interesse für die Zeit des Jugendstils geweckt. In ihrer Bebenhäuser Bibliothek befanden sich sämtliche Ausgaben der Zeitschrift »Die

Jugend«. Auch besaß sie eine beachtliche Sammlung an Kunstobjekten aus dieser Zeit, darunter Vasen und Möbel von dem in Nancy tätigen Emile Gallé.

Ihre inzwischen zur Tradition gewordenen Kuraufenthalte in Bad Gastein endeten für die Königin dann im Jahr 1933. Damals verhängte die neue deutsche Reichsregierung unter Adolf Hitler die so genannte Tausend-Mark-Sperre als Wirtschaftssanktion gegen Österreich. Jeder deutsche Bürger musste vor Antritt einer Reise nach Österreich 1000 Reichsmark bezahlen, was sehr viel Geld war und das Charlotte für sich und ihre Begleitung nicht aufbringen konnte. Diese Wirtschaftssanktion Adolf Hitlers traf Österreich damals schwer, und die meisten Zimmer in der von Charlotte so geschätzten »Helenenburg« blieben jetzt leer.

Die Königin erwarb nun bei der Firma Mercedes-Benz einen Mercedes 500 N. Die weinrote Karosse fuhr gut 120 km/h und wurde von ihr für Ausfahrten rege genutzt. Für größere

Ein Ingenieur der Firma Mercedes-Benz erklärt der Königin ihren neuen Mercedes 500 N. Im Hintergrund Chauffeur Wilhelm Schömberger, 1934.

»Automobilkarte Deutschland« der Königin, 1934.

Charlotte an ihrem Lieblingsplatz auf der
Schlossterrasse in Bebenhausen, 1934.

Schloss Lautlingen heute.

Reisen, vor allem in ihre Heimat Nachod, ließ sie bei einer Stuttgarter Firma einen Satz Koffer so anfertigen, dass er genau in den Kofferraum passte. Als es im Krieg für private Zwecke kein Benzin mehr gab, wurde ein Holzgas-Generator von der bekannten Firma Imbert in Köln angeschafft. Das unförmige Aggregat mit seinem runden, hohen Kessel machte das Auto schwerfällig, erzeugte aber aus 2,5 kg trockenem Holz etwa so viel Kraftstoffenergie wie von einem Liter Benzin. In dem Gaserzeuger wurden während der Fahrt große Mengen Holzabfall verschwelt, die man von der Dettenhäuser Zaunfirma Zimmermann bezog und auf dem Autodach mit sich führte. So konnte Charlotte ihren »Benz« wenigstens für kleinere Fahrten weiterhin benutzen. Diese führten sie häufig auf die Schwäbische Alb, auf der sie in Begleitung von Gräfin von Stauffenberg und ihrer Hofdame ausgedehnte Spaziergänge unternahm. Die Königin war Ehrenmitglied der Ortsgruppe Bebenhausen des Schwäbischen Albvereins, besaß den Alb-Wanderführer von Julius Wais und schätzte diese Ausflüge auf die Alb sehr.

Der Zweite Weltkrieg

Als im Zweiten Weltkrieg der Bombenkrieg begonnen hatte und eine »Kinderlandverschickung« organisiert wurde, nahmen Charlotte und ihre Hofdame Achim auf, einen fünfjährigen Buben aus Essen, der dann bis Kriegsende mit im Schloss wohnte. Nun wurden an Regentagen nachmittags die Türen zum Kreuzgang geöffnet, damit Achim mit den Bebenhäuser Kindern im Trockenen spielen konnte, und so manches von ihnen lernte in diesen schönen alten Gängen das Radfahren.

Die Königin hatte, ganz im Gegensatz zu ihrer Stieftochter Fürstin Pauline zu Wied, ein eher distanziertes Verhältnis zum Nationalsozialismus. Sie war weder Parteimitglied noch ließ sie sich für Zwecke der Partei instrumentalisieren. Charlottes Hofdame, Baronin Elsa von Falkenstein, dagegen war 1933 der Partei beigetreten. Wie von Angestellten der Hofhaltung später zu erfahren war, geschah dies wohl nach Absprache mit der Königin, um diese vor Unannehmlichkeiten zu bewahren.

Erst kürzlich erzählte eine Seniorin aus dem Nachbarort Hagelloch dem Verfasser, wie enttäuscht sie als Kinder bei ihrem Besuch in Bebenhausen von der Königin

Im Salon in Beben-
hausen, 1940.

gewesen seien. Sie hätten ihr, wie damals üblich, vor ihren Fenstern ein schönes Ständchen gebracht, doch Charlotte habe das Fenster nur kurz geöffnet und sofort wieder geschlossen. Erst viel später sei ihr bewusst geworden, dass der Königin die Lieder nicht gefielen, die ihr Lehrer, ein strammer Parteigenosse, singen ließ.

Die im April 1944 von Wilhelm Murr, dem Statthalter Hitlers in Württemberg, »aus politischen und jagdlichen Gründen«[43] veranlasste Zwangsversetzung des beliebten Bebenhäuser Forstmeisters Hans Uhl kann auch als Affront gegen die Königin gesehen werden, denn Murr war

Die Königin begrüßt im Schlosshof von Bebenhausen eine Mädchengruppe des BDM (Bund Deutscher Mädels), 1935.

---

43   Haug, Im Schatten des Klosters S. 47 f.

Alexander von Üxküll

Alfred von Stauffenberg

Rudolf von Bassewitz

Elisabeth von Üxküll

Paul Freiherr von Handel

Nikolaus von Üxküll

Königin Charlotte

Alexander von Stauffenberg

Augusta Gans Edle von Putlitz

Elsa Falkenstein

Caesar von Hofacker

Ida Huberta von Üxküll

Caroline von Stauffenberg

Olga (Osch) von Üxküll

Alexandrine von Üxküll

Charlotte mit ihren Geburtstagsgästen am 10. Oktober 1928 auf der Schlossterrasse in Bebenhausen. Nach dem missglückten Attentat auf Adolf Hitler am 20. Juli 1944 wurden zwei dieser Gäste in Berlin-Plötzensee hingerichtet (Nikolaus von Üxküll und Caesar von Hofacker) und vier weitere in Konzentrationslager und Gefängnisse gebracht oder unter Hausarrest gestellt.

bekannt, dass die jagdbegeisterte alte Dame zu Hans Uhl, ihrem direkten Nachbarn im Schloss, einen freundschaftlichen Kontakt pflegte. Das traditionsreiche Forstamt Bebenhausen wurde nun von Ernst Drescher geleitet, einem Obergruppenführer der Reiter-SA, der mit Wilhelm Murr befreundet war.

Nur drei Monate nach der Zwangsversetzung des Forstmeisters, am 20. Juli 1944, kehrte im Schloss und im Dorf dann wieder Unruhe ein: Graf Claus von Stauffenberg, Sohn des ehemaligen württembergischen Hofmarschalls Graf Alfred von Stauffenberg und der Caroline, geborene Gräfin von Üxküll-Gyllenband, vormals Hofdame der Königin, hatte das Attentat auf Adolf Hitler verübt. Nun kamen Beamte der Gestapo auch nach Bebenhausen, um Baronin Elsa von Falkenstein, die Hofdame der Königin, zu befragen. Der bisher enge Kontakt zur Familie von Stauffenberg war nun unterbrochen und Gräfin Caroline von Stauffenberg und deren Sohn Alexander kamen erst wieder nach Kriegsende nach Bebenhausen. Die Gräfin,

die nach dem Attentat zunächst in ein Gefängnis gebracht worden war und dann im Schloss Lautlingen unter Hausarrest stand, schreibt dazu in ihrem Tagebuch: »In dieser Zeit der allgemeinen Unsicherheit wollte mir Hoffmann[44] Briefe aus Bebenhausen bringen. Nach langen bangen Monaten hätte mir dieses Lebenszeichen von der Königin und Elsa Falkenstein unendlich viel bedeutet. Aber die Wälder waren damals zu unsicher. Er konnte nicht riskieren, die Briefe in fremde Hände fallen zu lassen, so musste er sie vernichten ...«[45] Caroline von Stauffenberg, ihre Schwestern Alexandrine von Üxküll und Albertine von Hofacker sowie ihr am 14. September 1944 in Berlin-Plötzensee hingerichteter Bruder Nikolaus von Üxküll hatten zu Bebenhausen ja eine besondere Beziehung: Hier wurde

Schloss Bebenhausen, Schlafzimmer der Königin mit ihrem Rollstuhl.

---

44 Prof. Dr. Wilhelm Hoffmann, damals Bibliotheksrat in der Württembergischen Landesbibliothek mit dem nach Bebenhausen ausgelagerten Hölderlin-Archiv. Von Bebenhausen aus ging Hoffmann mehrere Male nach Lautlingen. Dort kümmerte er sich um den Teilnachlass des Lyrikers Stefan George, den dieser Carolines Sohn Berthold anvertraut hatte und der bis zu seiner Beschlagnahme durch die Gestapo in Lautlingen lagerte.
45 Archiv hpMelle/Stauffenberg.

Die Schlossküche
in Bebenhausen.

am 16. Mai 1809 ihr Großvater Rudolf von Üxküll geboren; und auf dem dortigen »Herrenfriedhof« ruht ihr 1812 verstorbener Urgroßvater, der Geheime Rat Karl August Bertram von Üxküll.

Im Jahr 1944 erlitt Charlotte einen Schlaganfall und war seitdem an einen Rollstuhl gefesselt. Deshalb zog sie von ihren im ersten Stock gelegenen Wohnräumen in das Erdgeschoss des »Kapff'schen Baus«. So konnte sie bei Fliegeralarm von ihren Angestellten und Helfern aus dem Dorf besser in den unter dem »Grünen Saal« gelegenen Luftschutzkeller getragen werden. Dort sorgte sie für eine gelöste Stimmung und verteilte an die Kinder Gebäck, das ihre Köchin mitgebracht hatte.

Als in der Schlossküche, wie überall damals, die Vorräte ausgingen und die Köchin oft nicht wusste, was sie der alten Dame servieren lassen sollte, wurde mit dem weinroten Benz der Königin zum »Hamstern« gefahren. Trotzdem gab es immer wieder Engpässe in der Küche, vor allem, wenn Besuch kam. Das Motto der Köchin lautete dann: »Aus wenig mach viel.« Besonders ungern gesehen war Herzog Philipp von Württemberg (der Sohn des ehemaligen Thronfolgers), der auf dem Weg von Schloss Altshausen in Oberschwaben nach Stuttgart öfter vorbeischaute. Die Hofdame, Baronin Elsa von Falkenstein, seufzte dann: »Schon wieder er, der nie etwas mitbringt, aber mehr hat als wir. Haben wir denn so viel, daß wir ihn auch noch füttern können?«[46] »Einer geht immer noch«[47], antwortete dann die Köchin, denn auf diesen Gast freute sie sich immer ganz besonders. Er kam nämlich nach dem Essen zu ihr in die Küche und lobte sie für ihre Kochkunst. Waren die Vorräte ganz aufgebraucht, dann gab es einen Eintopf, der von der Königin mit diesem Lob bedacht wurde: »Das schmeckt aber gut, das Zeugs.«[48]

---

46 Wagner, Erinnerungen.
47 Ebd.
48 Ebd.

Die Jahre 1945/46

Dem Bebenhäuser Bürgermeister Karl Volle ist es zu verdanken, dass das Kriegsende in Bebenhausen glimpflich ablief und das Schloss unter besonderen Schutz gestellt wurde. Trotzdem wurde es von Plünderungen nicht verschont, und auch die betagte Königin hatte Verluste zu beklagen; vor allem schmerzte sie der Verlust ihrer Geige, die sie als Kind von ihrem Vater bekommen hatte.

Als dann im Dorf Flüchtlinge und Vertriebene ankamen, wies sie ihren Schlossverwalter an, einfaches Mobiliar und Bettzeug aus dem Schloss und Geschirr aus der Schlossküche an diese zu verteilen. Bereits während des Krieges hatte sie – neben dem Hölderlin-Archiv der Württembergischen Landesbibliothek und der württembergischen Forstdirektion – Evakuierte aus Stuttgart im Schloss aufgenommen. Und als diese nach Kriegsende aufgefordert wurden, das Schloss nun wieder zu verlassen, bestimmte sie, dass alle bleiben könnten, wenn sie dies wünschten.

Unter den Bewohnern des Schlosses befand sich damals auch der Schriftsteller und Literaturkritiker Friedrich

Die Königin mit ihrem Terrier Bebo im »Prälatengarten«, Februar 1946.

Schloss Nachod. Wandbild von Julius Mössel im Salon der Königin in Bebenhausen, 1915.

Sieburg. Der ehemalige Botschaftsrat an der deutschen Botschaft in Paris und Ehrenbegleiter Marschall Pétains von Vichy nach Sigmaringen war am 14. April 1945 nach Bebenhausen gekommen und hatte sich beim Bürgermeister zunächst unter dem falschen Namen Seefried angemeldet. Die Hofdame Charlottes, Baronin Elsa von Falkenstein, hatte ihm im »Kapff'schen Bau« des Schlosses ein Zimmer zugewiesen, das er bis 1947 bewohnte.

Prinz Friedrich zu Schaumburg-Lippe, letzter Besitzer von Nachod und Bruder von Königin Charlotte, wurde, wie bereits erwähnt, von den tschechischen Behörden am 12. Mai 1945 gemeinsam mit seiner Gattin Antoinette und seiner Schwester Alexandra sowie einer Angestellten, welche die ungarische Staatsangehörigkeit besaß, über die nahegelegene Grenze nach Sackisch bei Bad Kudowa in Schlesien abgeschoben. Dort starb der Prinz am 12. Dezember 1945. Er fand jedoch nicht, wie bisher angenommen, dort seine letzte Ruhe. Nach einer für die damalige Zeit recht ungewöhnlichen Absprache zwischen den polnischen und tschechischen Behörden wurde sein Leichnam nämlich nach Nachod überführt und dort in aller Stille auf dem nahe dem Schloss gelegenen »Friedhof am weißen Kreuz« beigesetzt.

Prinz Friedrichs Witwe, seine Schwester Alexandra und die ungarische Angestellte verließen nach seinem Tod Bad Kudowa und schlugen sich durch das von den Deutschen inzwischen verlassene Schlesien und das nun von den Sowjets kontrollierte Gebiet nach Norddeutschland durch. Von dort reisten sie nach Bebenhausen weiter in der Hoffnung, hier bei Königin Charlotte eine neue Heimat zu finden. Doch drei Monate nach Ankunft der Nachoder Verwandten in Bebenhausen, am 16. Juli 1946, starb Charlotte. Noch am Nachmittag dieses Tages wollte sie mit ihrer Schwester und ihrer Schwägerin eine Ausfahrt in den Schönbuch machen, und der Chauffeur hatte das Auto bereits im Schlosshof bereitgestellt. Da stellten sich bei ihr Herzprobleme ein und ihr langjähriger Bebenhäuser Hausarzt, Dr. Albert Schramm, wurde gerufen. Die Königin verstarb am Abend gegen 17.45 Uhr. Der Schlossverwalter läutete daraufhin die im Türmchen des Sommerrefektoriums hängende »Silberglocke«, um den Dorfbewohnern den Tod ihrer beliebten und verehrten Mitbürgerin mitzuteilen.

»Dem hilfreichen Arzt in Dankbarkeit gewidmet.« Silberteller mit eingraviertem »C« für Charlotte. Geschenk an den Hausarzt Dr. Albert Schramm.

Trotz der damals schwierigen Verhältnisse verbreitete sich die Nachricht rasch und wieder kamen, wie beim Tod des Königs, unzählige Menschen, meist zu Fuß, um von der im Sommerrefektorium aufgebahrten letzten Königin Württembergs Abschied zu nehmen. Am 23. Juli hielt der damalige Pfarrer von Lustnau und Bebenhausen, Gustav Adolf Gruner, den Trauergottesdienst an dem mit der Fahne des Hauses Württemberg bedeckten Sarg. Die mit der Königin alt gewordenen Hofdamen[49], tief verschleiert und mit der ihnen von der Königin verliehenen »Charlottenschleife« geschmückt, hielten die Totenwache. Für die geladenen Gäste waren Stühle aufgestellt worden; die Dorfbewohner von Bebenhausen folgten dem Trauergottesdienst im Stehen. Die Predigt hielt der Dorfpfarrer

Königin Charlotte ruht auf dem »Alten Friedhof« in Ludwigsburg neben ihrem Gatten und dessen erster Frau.

---

49 Darunter Gräfin Caroline von Stauffenberg.

Fürstin Pauline
zu Wied auf einer
von ihr gelenkten
Pferdekutsche, um
1950.

über den 23. Psalm, über den auch bei der Hochzeit von Wilhelm und Charlotte gepredigt worden war. Einiges Aufsehen erregte damals der als Vertreter der Regierung geladene Carlo Schmid, als er unmittelbar vor dem Beginn der Trauerfeier den für ihn in der ersten Reihe reservierten Stuhl herausnehmen und vorrücken ließ, vor die Reihe mit den adligen Trauergästen.[50]

Nach der Trauerfeier trugen Förster der württembergischen Hofkammer in ihren Galauniformen unter dem Klang der Klosterglocken den Sarg hinaus in ein im Schlosshof wartendes Auto zur letzten Fahrt nach Ludwigsburg. Durch langwierige Verhandlungen konnte

---

50 Lempp, Erinnerungen.

Die Jahre 1945/46

damals erreicht werden, dass der kleine Konvoi mit Zivilschutz, dem Auto mit dem Sarg und dem Omnibus mit den Trauergästen die Grenze zwischen der französischen und der amerikanischen Besatzungszone ohne Kontrolle passieren konnte. Auf dem Friedhof in Ludwigsburg, wo die Königin neben ihrem Gatten und dessen erster Frau beigesetzt wurde, hatte, wie bereits beim König 1921, der Stuttgarter Prälat und ehemalige Hofprediger Hofmann die Aussegnung übernommen. Von der nahegelegenen Villa Marienwahl herüber kam in einer von ihr selbst gelenkten Kutsche auch Fürstin Pauline zu Wied auf den Friedhof, um von ihrer Stiefmutter Abschied zu nehmen. Dort stellte sie sich zu den schwarz gekleideten und tief verschleierten adligen Damen – »mit einem Jägerhut und einer weißen Bluse«[51], wie die Trauergäste kopfschüttelnd feststellten.

Mit dem Tod der letzten Königin Württembergs, die auch die letzte der deutschen Königinnen gewesen war[52], ging für Bebenhausen nun eine ganz besondere Ära zu Ende. Dem aus Winterbach im Remstal stammenden ehemaligen Kammerlakai Wilhelm Uetz schrieb die letzte Hofdame der Königin, Baronin Elsa von Falkenstein, am 9. September 1946: »Von Herzen danke ich Ihnen für Ihre wohltuende treue Teilnahme an dem großen Leid, das mich durch das Hinscheiden meiner geliebten Herrin so schwer getroffen hat. Zwar stand der Abschied ja schon seit zwei Jahren vor mir, aber nun kam er doch unerwartet schnell, und die Trennung fällt mir unendlich schwer. Ein großer Trost ist es, dass die teure Königin durch Gottes Gnade sanft hinüber schlafen durfte in die Ewigkeit, und niemand möchte man von dort in die heutige Zeit zurück wünschen ...«[53]

---

51 Ebd.
52 Die letzte Königin von Bayern starb 1919 und die deutsche Kaiserin und Königin von Preußen 1921. Im Königreich Sachsen war Kronprinzessin Luise 1902 mit dem Hauslehrer ihrer Kinder durchgebrannt und ihr 1904 auf den Thron gekommener Gemahl Friedrich August III. heiratete nicht wieder.
53 Heimatmuseum Winterbach.

Das Ende der Hofhaltung

Der letztendlich doch unerwartete Tod der Königin im Sommer 1946, in dieser schwierigen Nachkriegszeit, war für deren Angestellte ein tiefer Einschnitt. Wie würde es für sie in dem kleinen Bebenhausen weitergehen, in dem es weder Industrie noch – damals – Behörden gab, die Arbeit und Verdienst geboten hätten? Würden sie ihre Dienstwohnungen im Schloss und in der Klostermühle behalten können oder, nach vielen Jahren im Dienst der letzten Königin Württembergs, räumen müssen? Was würde nun nach dem Erlöschen des Wohnrechts von Königin Charlotte mit dem Schloss Bebenhausen geschehen? Die Unsicherheit war groß, doch die ehemaligen Hofangestellten beschlossen, zunächst in ihren Wohnungen zu bleiben und die weitere Entwicklung abzuwarten.

Auch die aus Nachod vertriebene Schwester Charlottes, Prinzessin Alexandra zu Schaumburg-Lippe, und die Schwägerin, Prinzessin Antoinette zu Schaumburg-Lippe, verblieben zunächst in ihren im »Kapff'schen Bau« gelegenen Räumen und beteiligten sich an der Auflösung des königlichen Haushalts, in dem damals ein großes

Hofdame Baronin Elsa von Falkenstein mit ihrem Spitz Ossi, 1958.

Durcheinander herrschte. Bereits unmittelbar nach dem Einmarsch der französischen Truppen im April 1945 wurden aus dem Inventar des Schlosses einige LKW-Ladungen mit Möbeln, Gobelins, Rüstungen, historischen Waffen und Bildern nach Frankreich verbracht. Dann suchten sich französische Offiziersfamilien zur Einrichtung ihrer für sie in Tübingen requirierten Wohnungen Gegenstände aus. Schließlich hatten die Angestellten der Königin in Anbetracht der Lage einen großen Teil der wertvollen Objekte aus dem württembergischen Krongut und aus ihrem persönlichen Besitz unmittelbar vor Kriegsende den Räumen entnommen und auf den großen Dachböden des Schlosses in Sicherheit gebracht. Durch diese Ereignisse waren alte Inventarlisten nur noch bedingt eine Hilfe.

Unter Leitung der Baronin Elsa von Falkenstein wurde zunächst Charlottes Nachlass gesichert, der anteilig an deren Geschwister ging. Da diese in verschiedenen Besatzungszonen wohnten, bereitete der Abtransport ihrer Erbanteile damals große Schwierigkeiten. Hinzu kam, dass nur wenige Transportmittel zur Verfügung standen. Deshalb blieb ein Großteil ihres schriftlichen Nachlasses, ihrer Bibliothek, ihrer Musiknoten und Fotoalben zurück in Bebenhausen; auch die Akten der Bebenhäuser Hofhaltung verblieben im Schloss. Als die ehemalige Hofdame 1958 in das Tübinger Karolinenstift übersiedelte, wurde dieser Nachlass vom Schlossverwalter, also dem Vater des Verfassers, auf ihre Anordnung hin im Bebenhäuser »Prälatengarten« verbrannt. Dies mutet heute ein wenig seltsam an und behindert die Forschung erheblich. Doch mit der Vernichtung des schriftlichen Nachlasses von Königin Charlotte wurde einer Tradition der Könige Württembergs gefolgt, deren Nachlässe fast ausnahmslos auf ihre Anordnung hin nach ihrem Tod vernichtet wurden. Die noch im Schloss verbliebenen restlichen Gegenstände aus dem Besitz Charlottes wurden auf Veranlassung des Staatlichen Liegenschaftsamts Tübingen 1963 versteigert.

Reste des Privateigentums König Wilhelms II., die sich nach dem Tod Charlottes noch im Schloss befanden, gingen an dessen Tochter, Fürstin Pauline zu Wied. Die zum ehemaligen württembergischen Krongut gehörenden Objekte wurden von den Dachböden geholt und neu registriert. Schließlich wurde gemeinsam mit Herzog Philipp, dem damaligen Chef des Hauses Württemberg, nach den Resten des Eigentums des Hauses Württemberg gesucht; diese Gegenstände gingen nach Schloss Altshausen.

Später, nach Auflösung des königlichen Haushalts, verließen die Schwester und die Schwägerin Charlottes Bebenhausen und zogen nach Linz am Rhein beziehungsweise Dessau. Die noch im Schloss verbliebenen ehemaligen Angestellten der Hofhaltung, also die Hofdame, die Kammerfrau, die Kammerzofe usw. bezogen 1947 Räume im Westflügel des Schlosses. Ihre bisherigen Räume mit dem dort noch vorhandenen Mobiliar wurden von der Verwaltung des nun ins Schloss einziehenden Landtags von Württemberg-Hohenzollern übernommen, und dessen Landtagspräsident Karl Gengler stellte damals fest: »Am 3. Juni 1947 ist der am 18. Mai 1947 auf Grund der Verfassung des Landes Württemberg-Hohenzollern erstmals gewählte Landtag zu seiner ersten Sitzung zusammengetreten. Auf jeglichen Komfort verzichtend, haben wir uns hier in diesem altehrwürdigen Hause, dem ehemaligen Zisterzienserkloster und Schloß Bebenhausen, zu gemeinsamer Arbeit eingefunden. Ohne Inanspruchnahme besonderer Mittel wurden die Räume für Zwecke des Landtags eingerichtet. Mit Ausnahme der einfachen Tische für die Abgeordneten hier im Sitzungssaal (im Winterrefektorium,

Büro des Landtags von Württemberg-Hohenzollern, ausgestattet mit Möbeln aus dem Schlossinventar, 1947.

d. Verf.) wurde die gesamte Einrichtung aus dem im Hause vorgefundenen Mobiliar zusammengestellt.«[54] Auch für den »Benz« der Königin fand sich eine republikanische

54 Richter, S. 164.

Das Ende der Hofhaltung

Verwendung: Er wurde von Lorenz Bock, dem ersten Staatspräsidenten des neu geschaffenen Landes Württemberg-Hohenzollern, als Dienstwagen übernommen.

Die »Königszeit« im Schloss in Bebenhausen war nun endgültig Geschichte.

Anekdoten

Über Charlotte, die letzte Königin Württembergs, ranken sich, wie bei »monarchischen Persönlichkeiten« ja meist üblich, viele Anekdoten. Der Verfasser greift einige dieser »Geschichtchen« heraus.

Das Malheur in der Charlottenhöhle

Der 23. September 1893 war für das kleine, bei Giengen an der Brenz gelegene Hürben ein großer Tag. Die dort entdeckte und eine Woche zuvor eingeweihte Tropfsteinhöhle wurde nach Königin Charlotte benannt und nun war deren Besuch angesagt. Die Königin kam damals im königlichen Extrazug und mit großem Gefolge in Heidenheim an. In einem offenen Hofwagen ging ihre Fahrt durch Heidenheim und bei Glockengeläut fuhr man ins festlich geschmückte Hürben ein. Nun ging es zu der nach ihr benannten Höhle, mit 587 Metern einer der längsten Schauhöhlen Süddeutschlands. Da der Weg dorthin durch schlechtes Wetter aufgeweicht war, hatte man ihn mit Rupfen belegt. Vor der Höhle spielte die Stadtkapelle Heidenheim und

Offizielles Staats-
porträt der Königin
Charlotte, 1892.

Landjäger sorgten für Ordnung und Sicherheit.

Bei der Besichtigung der Höhle passierte es dann: Als die Königin durch eine enge Felsenspalte gehen wollte, blieb die etwas beleibte Dame mit ihren bauschigen Röcken dort stecken und konnte aus eigener Kraft nicht mehr weitergehen. Schließlich wurde sie durch Ziehen von vorne und kräftiges Schieben von hinten aus ihrer misslichen Lage befreit. Wer damals wohl die Ehre hatte, Majestät an ihrem »Allerwertesten« zu schieben?

Randnotiz dazu:

Der erste Brenztalort, den die königliche Kutsche auf dem Weg nach Hürben nach der Oberamtsstadt durchfuhr, war der heutige Heidenheimer Stadtteil Mergelstetten. Unter den dort zum Spalier aufgestellten Schulkindern befand sich auch die neunjährige Marie (Jahrzehnte später die Großmutter von Frau Prof. Barbara Scholkmann), um mit ihnen zusammen der freundlich winkenden Königin die württembergische Königshymne »Heil unser'm König, Heil ...« (nach der Melodie von »God save the Queen«) zuzusingen. Als dann 1964 Marie Tränkle ihren 80. Geburtstag feierte und ihre Enkelin Barbara, die spätere Bebenhäuser Ortsvorsteherin, ihr Leben bedichtete, da ließ diese die Großmutter, die ihren Enkeln oft und gern von ihrer Begegnung mit Württembergs letzter Königin erzählt hatte, damals im Stillen noch folgenden Vers der Königshymne hinzufügen:

»Heil Dir im schönen Hut,
Königin, mild und gut,
Heil Dir Charlott'!

Brezeln, die schenkst uns Du
Und Kakao auch dazu,
Ach ja, so gut bist Du!
Schütze Dich Gott!«

Die Schulkinder waren nämlich nach ihrem Auftritt vor der Königin auf deren Kosten im dortigen Gasthof »Hirsch« zu Kakao und Brezeln eingeladen.

Zu Tisch am Hofe

Es war eine große Ehre, vom König oder der Königin zum Diner geladen zu werden. Für jedes dieser Diners wurde eine Tischordnung erstellt, und die livrierten Kammerdiener (Lakaien) achteten beim Servieren sehr genau darauf, dass die verschiedenen Gänge gleichzeitig und dem Rang nach serviert wurden. Waren der König und die Königin mit einem Gang fertig und legten ihr Besteck zurück auf den Teller, dann wurden sofort die Teller aller Gäste wieder abgeräumt, auch wenn diese mit dem Essen noch nicht

Das Küchen- und Hauspersonal vor dem Wilhelmspalais in Stuttgart, um 1900.

fertig waren. Doch der König aß wenig und die Königin aß recht schnell. So passierte nicht selten, dass so mancher ihrer Gäste die Tafel hungrig verließ. Als der König eines Tages davon hörte, ließ er immer ein kleines Stück Fleisch auf dem Teller liegen und aß dieses erst auf, wenn alle seine Gäste ihren Teller leer hatten. Nun waren die Teller, auf denen bisher manch gutes Stück Fleisch liegengeblieben war, zum Leidwesen der mithelfenden Pagen, die ja bescheiden bezahlt wurden, leer. Ihre Hosentaschen waren nämlich mit Wachstuch ausgefüttert und in ihnen verschwand bisher so mancher Essensrest.

»Dui Majeschtät«

Mit großem Vergnügen erzählte die Königin in ihrem Verwandten- und Freundeskreis diese Anekdote:

Jeden Sommer lieferte eine Tübinger Kohlenfirma große Mengen Kohle für die Dampfheizung an, die kurz vor dem Ersten Weltkrieg im Schloss in Bebenhausen eingebaut worden war. Die Lastwagen mit den Kohlen wurden vor dem »Kapff'schen Bau« abgeladen und Wilhelm, ein

Hier am »Kapff'schen Bau« trafen sich Wilhelm und die Königin.

Arbeiter der Kohlenfirma, hatte sich um den Kohlenberg zu kümmern und schaufelte ihn über mehrere Tage in den neben der Heizung gelegenen Kohlenkeller.

Als er bei dieser Arbeit war, öffnete sich am »Kapff'schen Bau« die Türe und eine ältere, schwarz gekleidete Frau trat heraus. In ihrer Hand hielt sie eine Heckenschere, denn sie wollte an diesem Morgen Büsche und Hecken schneiden.

Nach geraumer Zeit machte Wilhelm eine Pause, ging zu der Frau, schaute ihr eine Weile bei der Arbeit zu und unterhielt sich mit ihr. Dann kam das Gespräch auf »dui Majeschtät«, für die er die Kohlen in den Keller schaufelte, und er fragte die Frau: »Du, i däd so gern amol dui Majeschtät seha, mao ka i dui denn seha?« (Du, ich würde so gerne mal diese Majestät sehen, wo kann ich sie denn sehen?) Vergnügt antwortete sie ihm: »Das bin ich.« Sprachlos blieb Wilhelm vor ihr stehen, stemmte seine Hände in die Hüfte und musterte sie von oben bis unten. Dann platzte aus ihm heraus: »Jetzt leck mi am Arsch, Du bisch d' Majeschtät?!«

Auf der Bank am König-Karl-Stein

Maria Nill (1899–1974) aus Tübingen war eine gute Turnerin und war sogar einmal deutsche Meisterin. Wenn sie joggte, wie man heute sagt, führte ihr Weg oft über Waldhausen nach Bebenhausen. Eines Tages legte sie am König-Karl-Stein eine Verschnaufpause ein und setzte sich dort zu einer älteren Dame auf die Bank. Man kam ins Gespräch und Maria Nill, ein aufgeschlossenes und fröhliches Mädchen, erzählte der alten Dame von ihrem Sport, den sie so liebte, von ihrem Leben und von ihrer Familie. Und sie erzählte auch, wo sie wohnte. Einige Tage später wurde in ihrem Elternhaus ein Päckchen für sie abgegeben, das sechs silberne Kaffeelöffel enthielt. Dabei war ein Brief, in dem sich Charlotte für das reizende Gespräch auf der Bank am König-Karl-Stein bedankte.

Das Forellenquintett

Im Sommer fuhr »Majeschtät«, wie sie von ihren Hofangestellten und den Dorfbewohnern von Bebenhausen genannt wurde, regelmäßig für einige Wochen in ihre böhmische Heimat, nach Nachod, um ihre dort lebenden Geschwister zu besuchen. Dies war die Zeit, in der im Schloss in Bebenhausen die jährliche Großreinigung stattfand. Alle Angestellten hatten ihre Aufgabe: Die Kammerfrau und die Kammerzofe kümmerten sich um die Garderobe Charlottes und die Wäsche. Die vielen Schränke wurden ausgewaschen, und mitunter musste auch den Motten zu Leibe gerückt werden, denn diese fühlten sich in dem alten Schlossgemäuer ganz besonders wohl. Auch in der Schlossküche herrschte reger Betrieb: Die Köchin und ihre Helferinnen kochten, wie damals üblich, in großen Kesseln das Geschirr aus, und die Lakaien sorgten in der Silberkammer dafür, dass das Besteck und das Tafelsilber

Das Büro der Köchin im Schloss Bebenhausen.

Anekdoten

wieder glänzte. Für die Reinigung der großen Hallen, der vielen Gänge und Treppen wurden vom Schlossverwalter Frauen aus dem Dorf engagiert. Nur Charlottes Wohnräume waren für alle tabu; diese durften nur von ihrem Zimmermädchen, Rosine Heller, betreten werden. Dieses war damals zugleich Gemeindeschwester von Bebenhausen, die man im Dorf liebevoll »Schlossrösle« nannte.

Das »Schlossrösle«, das Zimmermädchen Charlottes, an seinem 80. Geburtstag, 1958.

Doch dann ereignete sich etwas sehr Merkwürdiges: Aus Charlottes Salon erklang, für alle deutlich hörbar, plötzlich Musik, und zwar das Forellenquintett von Franz Schubert. Rasch wurde der Haushofmeister herbeigeholt, der dann leise die Türe zum Salon öffnete. Dort saßen vor dem Grammophon zwei Buben aus dem Dorf, die andächtig Schallplattenmusik hörten.

Als Charlotte wieder zurück war, berichtete ihr der Haushofmeister mit einigem Unbehagen von diesem Vorfall. Nun mussten die beiden Buben, nachdem sie bereits von ihren Eltern gerügt worden waren, zu »Majeschtät« kommen. Reumütig standen sie vor ihr und erwarteten auch von ihr eine Standpredigt. Doch die Königin bestellte für sie aus der Schlossküche zwei Becher Schokolade, und es entwickelte sich zwischen ihr und den Buben ein lebhaftes Gespräch über das Grammophon, das damals ja noch etwas ganz Besonderes war, und nun

Die vier Lakaien, 1934.

lauschten sie nochmals gemeinsam der schönen Musik von Franz Schubert.

Als die Bonbons ausgingen

Wenn die Königin in Bebenhausen spazieren ging, hatte sie in ihrer Tasche stets Bonbons für die Kinder, die sie auf ihrem Spaziergang traf. Diese grüßten die alte Dame fröhlich mit »Guten Tag, Majeschtät«, dann öffnete sie ihre Tasche und jedes der Kinder bekam ein Bonbon. Ihr Bedarf an Bonbons war mitunter so groß, dass der Dorfladen, aus dem sie ihre Bonbons bezog, nicht rechtzeitig Nachschub liefern konnte. Die Kinder passten dann sehr genau auf, wann Frau Pfeffer, die Ladenbesitzerin, eine neue Lieferung bekam. Dann rannten sie Charlotte entgegen und riefen ihr schon von weitem zu: »Majeschtät, d' Pfeffere hot wieder Bombo!« Und als die kleine Alwine aus Onstmettingen mit ihrer Mutter zu Besuch in Bebenhausen war, bekam auch sie ein Bonbon von »Majeschtät«.

Aufgenommen von Charlotte mit ihrem neuen Fotoapparat: Kinder aus Bebenhausen, 1914.

Freudestrahlend rief sie daraufhin ihrer Mutter zu: »Muader, i hao vo deam alta Weib do a Bombo kriagt!« (Mutter, ich hab von diesem alten Weib hier ein Bonbon gekriegt.)

»Ich bin Brigitte Brüstle, Majeschtät«

Nach ihrem 1944 erlittenen Schlaganfall war die Königin an einen Rollstuhl gefesselt, und an schönen Tagen wurde sie von ihrer Hofdame, Baronin Elsa von Falkenstein, spazieren gefahren. Bei der Fahrt durch Bebenhausen traf sie dann Dorfbewohner, die sie alle von klein auf kannte. Doch als sie eines Tages einer Gruppe junger Mädchen begegnete, die sie freundlich grüßten, stellte sie fest, dass sie eines davon nicht kannte.

»Elsa, hol mal dieses Mädchen her«, sagte sie zu ihrer Hofdame und deutete auf das Mädchen.

»Du sollst zu Majestät kommen«, forderte diese das Mädchen auf, und nun entwickelte sich am Rollstuhl dieses Gespräch:

»Wer bist du?«

»Ich bin Brigitte Brüstle, Majeschtät.«

»Vom alten oder jungen Brüstle?«

»Vom jungen Brüstle, Majeschtät.«

»Ach, natürlich, vom alten Brüstle kann ja gar nicht sein.«

Morgentee mit der Königin

Der Künstler Lutz Backes (»Bubec«) kann von einer ganz besonderen Begegnung mit Königin Charlotte erzählen:

»Es war im Spätsommer 1943. Die Nächte verbrachte meine Mutter mit mir und meiner kleinen Schwester meistens im Keller, denn das nahe Mannheim wurde immer mehr Ziel der Bombenangriffe der Alliierten.

Da kam ein Anruf. Meine Mutter hob ab. Am anderen Ende der Leitung war die Schwester ihres Vaters, Lisette

Feyerabend. Sie war die Wirtin vom ›Hirsch‹, dem bekannten Landgasthaus in Bebenhausen, dem wunderhübschen Ort bei Tübingen mitten im Schönbuch, der, umgeben von Wald, ein beschauliches Dasein führte, trotz der schweren Zeit.

Meine Großtante sagte zu meiner Mutter: ›Ich habe gehört, bei euch sind schwere Bombenangriffe. Komm doch zu uns mit deinen Kindern, hier ist es ruhig, hier seid Ihr sicher.‹

Wie gerne sagte meine Mutter zu, denn der Ort, den König Wilhelm II. von Württemberg mit seiner Gemahlin Charlotte nach seiner Abdankung 1918 als Wohnort gewählt hatte – hatte er dort doch schon lange seinen Jagdsitz –, war sozusagen die zweite Heimat meiner Mutter.

Es war schon Abend, als wir mit dem Zug in Tübingen ankamen. Eine Busverbindung nach Bebenhausen gab es nicht. So marschierten wir mit Sack und Pack diesen für uns Kinder meilenweiten Weg, bis wir am ›Hirsch‹ ankamen. Die Schönheit dieses Fleckens habe ich in der inzwischen hereingebrochenen Dunkelheit noch nicht gesehen, aber der Geruch der mostreifen Äpfel hat sich bis heute in meiner Nase unvergesslich festgesetzt. Das berühmte Kloster und das Jagdschloss, vor allem das Letztere, lernte ich bald genauer kennen.

Kinder finden schnell Anschluss. Mein Schwesterchen mit gerade mal drei Jahren war noch zu klein, aber ich räuberte mit der Dorfjugend im Wald herum, wir sammelten Pilze und fuhren mit einem Leiterwagen, die Deichsel mit den Füßen lenkend, den steilen Rittweg von Waldhausen herunter. Ein Wunder, dass nichts passiert ist!

Ich freundete mich mit einem fast gleichaltrigen Jungen an. Achim wohnte im Schloss bei der ›Königin‹, die dort ihren Lebensabend verbrachte. Ein einsames Leben, denn ihr Mann Wilhelm II. war längst in die Gefilde der Seligen eingegangen. Die Einsamkeit teilte sie mit ihrer Hofdame, Baronin Elsa von Falkenstein, und einigen wenigen verbliebenen Angestellten. Weil die Großstädte immer heftiger unter Bombenangriffen zu leiden hatten,

»Frau Königin«
im Negligé mit
Lutz und Achim,
Zeichnung von
Lutz Backes.

begann das Hitler-Regime seinerzeit damit, die Kinder,
›die Zukunft des Landes‹, aus der Gefahrenzone zu nehmen und sie in weniger gefährdeten Gebieten unterzu-
bringen. ›Kinderlandverschickung‹ hieß die Aktion. So
kam Achim von Essen nach Bebenhausen und wurde von
der Königin aufgenommen. Platz war schließlich genug
im großen Schloss!

Eines Morgens strichen wir zwei Knirpse durch das
Schloss. Wie das Kinder so machen – und seien sie auch
noch so gut erzogen – öffnete Achim die Türen und zeigte
seinem Freund voller Stolz die schönen Zimmer ›seines‹
Schlosses.

Er öffnete erneut eine Tür und wir standen in einem
Boudoir einer stattlichen Dame mit ausladendem Busen
gegenüber, die erst überrascht war, doch dann lachte, als
sie der beiden Dreikäsehochs ansichtig wurde, denn sie
war – im Negligé!

Achim flüsterte mir zu: ›Das ist die Königin!‹

Erstarrt vor Ehrfurcht, endlich einmal eine richtige
Königin kennenzulernen und nicht nur eine aus dem

»Frau Königin« schenkte dem kleinen Lutz dieses Foto.

Märchenbuch, ging ich artig zu der Dame hin, gab ihr die Hand, machte einen Diener und sagte: ›Grüß Gott, Frau Königin, wie geht's?‹

Charlotte war sichtlich amüsiert, aber wohl auch froh über die kleine Abwechslung in ihrem einsamen, langweilig gewordenen Leben.

›Ihr wollt doch sicher gerne ein Bonbon?‹ Sie ging zum Büfett, das an der Seite eines Tisches stand, hob den Deckel einer Porzellan-Bonbonnière hoch und gab jedem ein klebriges kleines Etwas, das wir dankbar und mit Genuss in den Mund schoben.

›Habt ihr Durst?‹, fragte Ihre Majestät. ›Ich habe Tee, genug für uns alle. Ich habe auch Kuchen. Kommt, setzt euch.‹

Kuchen! Im Krieg! Und das auch noch werktags! Natürlich wollten wir. Wir setzten uns an den Tisch, während sie zwei zusätzliche Gedecke auflegte. Sie schenkte ein, teilte den Kuchen aus und setzte sich zu uns. Achim, der sie nun schon einige Zeit kannte, führte die ›Konversation‹, wenn man das Geplapper eines Fünfjährigen so nennen kann, während ich voll Ehrfurcht kaum ein Wort herausbrachte, sie aber immerzu anstarrte.

›Was gibt's, junger Mann?‹, fragte sie mich.

›Frau Königin, wo hast du denn deine Krone?‹

›Oh, die hätte ich fast vergessen.‹ Sie stand auf, zog eine Schublade aus dem Büfett, holte ein Diadem heraus, setzte es vor dem Spiegel auf und setzte sich wieder zu ihrer kleinen Teegesellschaft.

Später verabschiedete ich mich formvollendet, wie es mir meine vornehme Mutter mühevoll beigebracht hatte, und bedankte mich artig. Als Abschiedsgeschenk bekam ich von Ihrer Majestät ein kleines, bräunliches Foto, etwa acht mal sechs Zentimeter, in einem Jugendstilrähmchen, das ich noch heute besitze.«

Hanseles Aufzugsfahrt

Die Kinder der Hofangestellten hielten sich gerne in der Schlossküche auf, denn dort war es warm und gab es mitunter leckere Sachen zu essen. Sie durften überall sein, nur etwas war ihnen streng verboten: das Hantieren mit dem Speiseaufzug, der von der Schlossküche zum Speisesaal, dem »Grünen Saal«, führt. Doch was verboten ist, das reizt: Eines Tages schoben die älteren Kinder den kleinen Hansele, wie die Königin den jüngsten Buben des Chauffeurs nannte, in den Aufzug und zogen ihn mit vereinten Kräften am Seil hoch an den »Grünen Saal«. Dort wollte er aus dem Aufzug herauskrabbeln. Doch in diesem Moment wurde die Königin von ihrer Hofdame im Rollstuhl durch den Raum zur Schlossterrasse gefahren. Entsetzt rief sie: »Elsa, halt ihn!« Die Hofdame schnappte Hansele, führte ihn zur Königin und legte ihn dort übers Knie, sodass die Königin ihm vom Rollstuhl aus den Hintern versohlen konnte. (Übrigens: Hansele ist der Verfasser dieses Buches).

An diesem Aufzug ereilte Hansele sein Schicksal.

Anhang

Quellen- und Literaturverzeichnis

Archiv des Hauses Württemberg
Archiv Frankfurter Zeitung
Archiv hpMelle/Stauffenberg
Ausleihebuch der Königlichen Hofbibliothek Bebenhausen
Gästebuch von Schloss Bebenhausen 1887–1918
Hauptstaatsarchiv Stuttgart
Heimatmuseum Winterbach
NPU - Správa zámku Ratibořice
Ortsarchiv Bebenhausen
Stadtarchiv Tübingen
Theatermuseum Düsseldorf

Decker-Hauff, Hansmartin: Frauen im Hause Württemberg, Leinfelden-Echterdingen 1997
Elster, Otto: Wilhelm, Prinz zu Schaumburg-Lippe – Ein Bild seines Lebens und Wirkens, Neustadt an der Mettau 1906
Ernst, Albrecht: Im Lichte neuer Quellen: König Wilhelm II. von Württemberg (1848–1921) in: Rundbrief Nr. 18 November 2014 des Württembergischen Geschichts- und Altertumsvereins e. V.
Gerhardt, D.: Unser unvergesslicher guter König!, Stuttgart 1933
Grüß Gott, Herr König! Erinnerungen an das Württembergische Königshaus. Landesmuseum Württemberg, 2006
Haug, Hans: Im Schatten des Klosters. Das Dorf Bebenhausen, Tübingen 2013

Haug, Hans: Der preußische Gesandte Philipp Graf zu Eulenburg und Bebenhausen in: Mitteilungsblatt für Bebenhausen 7/2003
Haug, Martha: Meine Erinnerungen, Privatdruck, Bebenhausen 1995
Hof- und Staatshandbuch des Königreichs Württemberg 1872
Hoffmann, Peter: Claus Schenk Graf von Stauffenberg, München 1992
Lempp, Johanna: Erinnerungen an Königin Charlotte von Württemberg, handschriftlich o. J.
Miller-Degenfeld, Marie Therese: Memoirs of Marie Therese Degenfeld. An International Life in the Twentieth Century, Trafford 2005
Ortmann, Wilhelm: Nachod 1866, Hohenelbe 1905
Richter, Gregor: Der Landtag zu Bebenhausen in: Das Land Württemberg-Hohenzollern 1945–1952, Sigmaringen 1982
Ringelhann, Günther: Der Adel und die Diakonissen von Gallneukirchen: Das Haus Württemberg, Privatdruck Salzburg 2014
Sauer, Paul: Württembergs letzter König, Stuttgart 1994
Thomsen, Sabine: Die württembergischen Königinnen, Tübingen 2006
Gräfin von Üxküll: Aus einem Schwesternleben, Stuttgart 1956 (Nachdruck 2013)
Wagner, Lina: Erinnerungen, 2004
Walchner, Gertrud: Meine Erinnerungen, handschriftlich 1998

Weber, Isolde: Erinnerungen, handschriftlich 2011
Weiblen, Johannes: Aufzeichnungen
1887–1925, handschriftlich
Weiß, Susanne: Das Charlottenhaus.
Geschichte, Struktur und
Funktion einer Tübinger Frauenherberge 1918–69, Magisterarbeit
2000

Das Haus Württemberg. Ein biographi-
sches Lexikon, Stuttgart Berlin Köln,
1997
Das Königreich Württemberg 1806 bis
1918. Monarchie und Moderne.
Ausstellungskatalog, Landesmuseum
Württemberg, 2006
Y, Rainer: Schloss Bebenhausen, München 1987

Bildnachweis

Archiv hpMelle/Stauffenberg: Seite 37,
41, 42, 52, 94.
Lutz Backes: Seite 123. 124.
Hermann Brandseph: Umschlagvorder-
seite.
Brigitte Fischer: Seite 54.
Foto Gröger: Seite 108.
Friedrich Haug: Seite 56 unten.
Haus der Geschichte (Sammlung Metz):
Seite 110/111.
Alfred Hirrlinger: Seite 28, 65, 72.
Waltraud Höhn: Seite 92.
Elfi Kern: Seite 25, 26 oben und unten.
Familie Kirchner: Seite 35 oben, 56
oben, 60, 86 unten, 87 unten, 115.
Landesmuseum Württemberg: Vordere
Umschlagklappe unten, Seite 30, 38
unten, 39 unten, 57 oben.
Heiko Peter Melle: Seite 89.
Museum zur Geschichte von Christen
und Juden, Laupheim: Seite 31.
Nagel Auktionen: Seite 9, 40.
NPU – Spràva zàmku Náchod: Seite 14,
85 oben.
NPU – Spràva zàmku Ratibořice: Seite
13, 15, 18, 19, 21, 22, 27 unten, 85
unten.
Manfred Piekarski: Seite 12, 27 oben,
46/47, 64, 102.
Albert Raff: Seite 39 oben.
Günther Ringelhann: Seite 83, 84 oben
und unten, 88, 103.
Staatliche Schlösser und Gärten Baden-
Württemberg: Seite 33, 45, 48/49, 53
oben und unten, 57 unten, 66, 67,
68/69, 70, 71, 75, 95, 96, 101, 114,
116, 118, 125.

Staatsarchiv Ludwigsburg: Seite 23, 29.
Stauffenberg Gedenkstätte Schloss
Lautlingen: Seite 35 unten.
Theatermuseum Düsseldorf: Seite 38
oben.
Wilhelm Prinz zu Wied: Seite 78.

Alle übrigen Abbildungen stammen aus
dem Archiv des Verfassers.

Bei der Fülle des Bildmaterials, das mir
zur Verfügung stand, konnten die
jeweiligen Inhaber der Bildrechte nicht
immer eindeutig ermittelt werden.
Sollte das eine oder andere Bild falsch
zugeordnet worden sein, so bitte ich
um eine entsprechende Benachrichti-
gung.

Zum Weiterlesen

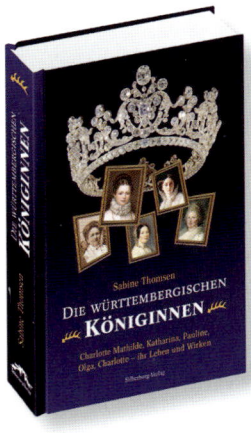

Sabine Thomsen

Die württembergischen Königinnen

Charlotte Mathilde, Katharina, Pauline, Olga, Charlotte – ihr Leben und Wirken

Fünf Königinnen, fünf Lebensläufe, die es hinter der Fassade von Luxus und Etikette aufzuspüren gilt. Im Schatten von Residenzen und Schlössern gediehen nicht immer Glück und Erfüllung.

300 Seiten, 77 meist farbige Abbildungen, fester Einband.
ISBN 978-3-87407-714-9

Sabine Thomsen

Goldene Bräute

Württembergische Prinzessinnen auf europäischen Thronen

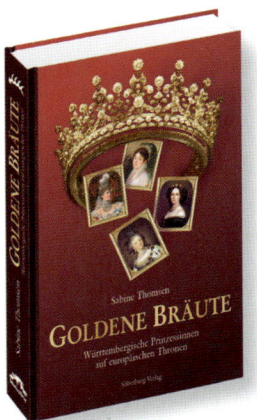

Sophie Dorothee, Katharina, Sophie und Maria – vier württembergische Prinzessinnen. Sie alle vereint ein Kleinmädchentraum: Sie wurden zu Königinnen oder Kaiserinnen gekrönt. Bei allem Luxus ein meist gnadenloses Schicksal, denn der Ehe ging nur selten eine Liebesgeschichte voraus.

232 Seiten, 91 farbige Abbildungen, fester Einband. ISBN 978-3-87407-867-2

Silberburg·Verlag

www.silberburg.de